Cada gota de agua
y
Cada grano de sal
en el
Camino hacia
la
Auténtica Felicidad

Dr. Armando S. García

Copyright © 2019 Dr. Armando S. García
Todos los derechos reservados.
ISBN- 978-1-7342635-1-0

Reservados todos los derechos. Queda prohibida la reproducción, distribución o transmisión total o parcial de esta publicación, en cualquier forma o por cualquier medio, incluidos el fotocopiado, la grabación u otros métodos electrónicos o mecánicos, sin la autorización previa por escrito del editor, salvo en el caso de citas breves incluidas en reseñas críticas y otros usos no comerciales permitidos por la legislación sobre derechos de autor.

A

El amor de mi vida,

mi esposa Sandra,

y

a las alegrías de mi vida,

mis hijos Arthur y Samantha

Índice

Prefacio ix

Introducción xiii

I La Sal

Sobre la manifestación subjetiva de la conciencia 1

El yo 11

La verdad sobre el sufrimiento 19

Desiderata 31

El yo emocional 39

Miedo a la libertad 47

Los otros 53

El problema de la felicidad 59

II El agua

El universo personal 69

Ser una buena persona 79

Estar con los demás 91

No-yo 103

Estar fuera del tiempo 113

Dejar ir 119

Atención Plena 131

Crianza adecuada 137

III Concienciación

Felicidad auténtica 147

Meditación 153

Iluminación y liberación 163

Prefacio

Durante mis últimos 24 años como pediatra, he tenido el privilegio y el placer de observar el florecimiento de innumerables mentes jóvenes, muchas desde el nacimiento hasta la adolescencia. A lo largo de este tiempo, a menudo me he sentido impresionado y encantado por el notable afán de autonomía y la innata confianza en sí mismos de los niños pequeños. Incluso el niño pequeño, a pesar de su dependencia casi total de los padres, ya demuestra una conciencia de sí mismo como diferente del mundo y una exuberancia por la independencia. Lo que más me ha impresionado, sin embargo, y me ha servido de inspiración para este libro, es la alegría innata de la mayoría de los niños pequeños, incluso ante sufrimientos importantes. En estas expresiones de alegría, audacia e independencia innatas reconocí el sentido y la plenitud de la conciencia libre de cargas.

Lo que observo, incluso en un bebé de un mes, es una conciencia completamente desarrollada que está aprendiendo a utilizar su cuerpo. Es decir, el cuerpo de un bebé es inmaduro, la conciencia no; está completamente ahí. El bebé no es como un pequeño robot orgánico creado a partir de los genes de los padres con una conciencia generada por las reacciones electroquímicas de un cerebro en desarrollo. Más bien, el comportamiento del bebé ya refleja una conciencia, una presencia, una consciencia ya completa, que no se parece a nada más en el mundo. Es algo verdaderamente maravilloso y misterioso. Esta conciencia radiante es lo que resuena profundamente en los padres con una alegría incomparable. Es lo que yo llamo Conciencia Pura.

Por desgracia, esta conciencia pura y resplandeciente de la infancia se embota y oscurece a medida que se involucra con el mundo. Esto es lo que yo también he presenciado: el marchitamiento de la alegría, la audacia y el asertividad de la mente joven a medida que se convierte en el adolescente frustrado y estresado.

De niños, la mayoría de nosotros experimentamos el mundo con una mente cándida y sin complicaciones, con apertura a la vida y a los demás, y con placer por el simple hecho de existir. Sin embargo, a medida que nos hacemos mayores y nos enfrentamos a los retos y desgracias de la vida, esta forma sencilla de ser se ve sustituida cada vez más por recuerdos estresantes, conflictos sin resolver, preocupaciones y miedos. Es frecuente que la mente envejecida padezca ansiedad, neurosis o depresión.

Este enturbiamiento de la mente es una consecuencia natural de nuestro desarrollo como individuos librepensadores, pero es algo que estamos obligados a trascender.

De hecho, la existencia humana siempre ha sido y será una lucha por la comida, por el cobijo, por reproducirse, por encontrar la felicidad. Como médico, he tenido el privilegio de contemplar el milagro del cuerpo humano y su implacable lucha contra las infecciones y las enfermedades. Sin embargo, lo que encuentro es que el mayor obstáculo para la felicidad no es la enfermedad, sino la mente no examinada. La ignorancia de nuestra verdadera esencia es la fuente de nuestro mayor sufrimiento y de nuestras peores transgresiones. La mente confusa es la que engendra el abuso, el homicidio, el suicidio, la guerra y la mayor parte de nuestro descontento cotidiano. La intención de este libro es concienciar sobre el origen de nuestro descontento y señalar el camino hacia una auténtica felicidad.

Este libro muestra el camino hacia la mente libre de cargas del niño. Revela por qué nuestra Nada existencial condiciona una captación del mundo como Ser, lo que conduce al estrés y al sufrimiento. Y cómo, al realizar nuestra Conciencia pura, encontramos la verdadera paz mental y la felicidad.

Aunque existen muchos libros sobre cómo desarrollar hábitos mentales positivos y actitudes más felices, todos ellos pasan por alto un punto crucial. Nuestra búsqueda de la felicidad es fundamentalmente una búsqueda de nuestro verdadero yo.

Introducción

Todo el mundo quiere ser feliz. Nuestras expectativas de felicidad son la principal motivación de todo lo que hacemos o evitamos hacer. Parecería entonces que averiguar qué es la felicidad y cómo conseguirla debería ser lo más fácil y natural. Sin embargo, psicólogos y filósofos llevan siglos lidiando con esta cuestión sin encontrar una respuesta definitiva. El problema es que la felicidad depende de nuestra comprensión de quiénes somos. Nuestra búsqueda de la felicidad es realmente una búsqueda de nuestro verdadero yo, una tarea nada fácil.

Resulta que la mayoría de nosotros acabamos persiguiendo el tipo equivocado de felicidad. Lo que realmente perseguimos es la satisfacción. Creamos un deseo y, si funciona, nos sentimos satisfechos y lo llamamos felicidad. Si no, nos sentimos frustrados, enfadados o deprimidos. Como resultado, acabamos gastando mucho tiempo y dinero persiguiendo gratificaciones esquivas y huyendo de un sufrimiento incomprensible. Veremos cómo el deseo es el quid de nuestra infelicidad, y por qué el contentamiento es nuestro estado mental natural.

El Informe Mundial sobre la Felicidad es una encuesta publicada por las Naciones Unidas que clasifica a unos 150 países según parámetros sociales, psicológicos y económicos. Desde su primer informe en 2012, Estados Unidos no ha dejado de bajar puestos en el índice de felicidad, hasta situarse en el puesto 18 en el informe de 2018. Esto a pesar del crecimiento económico y la disminución del desempleo en los últimos años. Además, aunque el 95% de los adultos tiene una cuenta en las redes sociales, una encuesta realizada por la aseguradora Cigna a más de 20.000 adultos de todo el país reveló que el 54% afirmaba sentirse solo y aislado. Según el Instituto Nacional de Salud Mental, el 15% de la población estadounidense sufre una depresión significativa cada año. Estudios recientes muestran también que más de la mitad de los trabajadores están descontentos con su empleo. Parece que, a pesar de nuestra gran prosperidad nacional, muchos estadounidenses son infelices.

Este libro muestra el camino hacia la paz mental duradera y la verdadera felicidad. Comprenderá por qué nuestros hábitos mentales descuidados dan lugar a importantes cargas psicológicas. Aprenderá a desarrollar la sabiduría y las actitudes sanas que fomentan la felicidad duradera.

No existen soluciones rápidas para eliminar años de malos hábitos mentales. Pero, incluso con una comprensión casual de los principios que aquí se presentan, conseguirá una satisfacción y una paz mental significativas. Con un estudio profundo y una práctica dedicada, descubrirá una nueva y maravillosa perspectiva de la vida

Este no es un libro de psicología pop de lectura rápida del tipo "no te preocupes, sé feliz". No es un libro lleno de anécdotas para su entretenimiento. Las preguntas serias de la vida, las preguntas sobre la verdadera felicidad, el sentido, el libre albedrío y la moralidad están arraigadas en el misterio mismo de la existencia humana. No son fáciles de ver ni de afrontar y, por tanto, merecen nuestra seria atención. La mayoría de nosotros las eludimos hasta que nuestro plan de vida se viene abajo o hasta que la Parca nos toca el hombro.

Comenzaremos nuestro viaje de Autodescubrimiento analizando el problema fundamental de nuestra autoidentidad: El Yo que no somos. Evaluaremos cómo este Yo es nuestro medio necesario para llegar a ser, pero no para ser, y cómo engendra nuestro sufrimiento y eclipsa nuestra libertad

Aprenderemos que nuestra reacción fundamental ante el mundo es de miedo: miedo a los demás, miedo a ser libres y miedo a no ser.

Exploraremos cómo nuestra ignorancia de la naturaleza del Ser condiciona nuestro estado de ánimo, nuestras relaciones y nuestra percepción de la felicidad

Todo lo que hacemos, todo lo que pretendemos, o incluso pensamos, nos cambia de alguna manera. Al igual que unos pocos granos de sal en un vaso de agua son imperceptibles, y muchos granos hacen que el agua sea desagradable, y una cantidad aún mayor se cristaliza, así nuestras transgresiones morales se acumulan gradualmente, corrompiéndonos lenta e imperceptiblemente, y finalmente de forma irrevocable.

En la primera sección, "La sal", exploraremos los aspectos de nuestra vida que producen sal: que perturban la tranquilidad natural de la mente, causan estrés y condicionan nuestro sufrimiento.

El agua se conforma, es naturalmente no resistente, y en reposo se vuelve transparente y serena. Nuestras buenas intenciones y acciones son como el agua: diluyen las impurezas de la mente y, en grandes cantidades, aportan sabiduría y trascendencia. En la segunda sección, "El agua", exploraremos las formas en que podemos añadir más agua a la sal de nuestro vaso.

Ahora bien, las condiciones de nuestra existencia son tales que ya naces con algo de sal en el vaso. Esto es el resultado de tu ser físico en la carne, en esta tierra, de nuestro desarrollo evolutivo, de tu entorno social y cultural, y de la historia familiar.

Otra condición, o complicación, es que debido a la naturaleza de nuestra conciencia es difícil deshacerse de la sal. Es mucho más fácil añadir agua. La cantidad de sal y agua en tu vaso psicológico determina tu estado mental y, por lo tanto, tu paz mental y la felicidad subsiguiente. También somos libres de añadir tanta agua o sal como queramos.

Este libro trata de las muchas maneras en que creamos la sal en nuestras vidas, y de cómo podemos aprender a añadir más agua a la que tenemos. Por desgracia, la mayoría de nosotros no prevemos las consecuencias de un exceso de sal o de una falta de agua hasta que es demasiado tarde, ya que depende de cada grano de sal y de cada gota de agua que haya en el camino.

I

La sal

Sobre la naturaleza subjetiva de la conciencia

Recostado en el asiento de un 747-jumbo -las ventanas están cerradas por la noche-, relajado en la cabina poco iluminada, soy consciente de la suavidad del asiento acolchado, del ligero balanceo del avión de vez en cuando, del zumbido sordo de los motores. De lo que no soy consciente es de que mi cuerpo viaja a 550 mph. Esto se debe a que me muevo a la misma velocidad que el avión y carezco de un marco de referencia. Sin embargo, si estoy observando un avión que despega de la pista, puedo ver fácilmente la velocidad a la que se mueve.

Ahora bien, esto parece una observación obvia, pero es especialmente importante, porque ilustra el difícil problema que plantea nuestra conciencia en la percepción de lo que somos.

Cogito ergo sum, "Pienso; luego existo", fue declarado por el filósofo René Descartes en 1637 en su tratado sobre la naturaleza del conocimiento. Todo lo que sé puede ponerse en duda, afirmaba, excepto el hecho de que pienso. Desde entonces, el pensamiento, sobre todo en las culturas occidentales, se considera como tal.

Como ocurre con la mayoría de la gente, si te preguntara quién eres, me darías un nombre, edad, características corporales, ocupación, antecedentes familiares, historia étnica, etc. Es decir, una descripción conceptual de tu autopercepción.

En otras palabras, creamos nuestra propia identidad a partir de las ideas que tenemos sobre quiénes somos: lo que nos gusta y lo que no, nuestras creencias, los recuerdos de nuestra infancia, nuestra familia y nuestra cultura. También tenemos impresiones de cómo nos perciben los demás y proyecciones de quién queremos ser. A estas ideas las llamaremos el Yo. El Yo está hecho simplemente de pensamientos.

Ahora, considera que cuando estás pensando, lo que percibes son una serie de pensamientos que van y vienen, y estás *Tú*, como observador de los pensamientos. Unes los pensamientos para darles sentido. Lo haces, por ejemplo, cuando lees.

Como en la ilustración del avión, sólo puedes conocer un pensamiento si lo estás mirando, percibiéndolo como un objeto de la mente. Debe estar fuera de tu autoconciencia para que lo conozcas como un objeto. Del mismo modo que debes estar fuera del avión para saber a qué velocidad se mueve.

Si tú (el pensador) fueras tus pensamientos, no serías consciente de que estás pensando. Al igual que no serías consciente de los coches que pasan por si estuvieras en uno de ellos. Debes ser consciente de los diferentes pensamientos a medida que van y vienen de tu conciencia para que les des sentido como ideas.

La Conciencia no puede ser parte de la serie de pensamientos y estar observando la serie al mismo tiempo. Por lo tanto, debe haber una Conciencia que sea consciente de los pensamientos y que no sea un pensamiento. A esta conciencia, el filósofo existencial Jean Paul Sartre (1905, 1980) la denomina conciencia no reflexiva (o a veces pre-reflexiva). Según él, la conciencia *no reflexiva* es la base de toda experiencia consciente. Es la que conoce el pensamiento. La conciencia *reflexiva*, por el contrario, es el pensamiento. Pensar es lo que hace la conciencia humana, no es lo que es.

Cualquiera que mire a los ojos de un niño, por pequeño que sea, no tiene duda de que allí hay un *conocimiento*: una conciencia. A los 6 meses ya investiga e interactúa con el mundo, y al año expresa sus preferencias y deseos. Esto revela conciencia y comprensión, aunque las palabras no se desarrollen significativamente hasta los 18 meses de edad

De hecho, la mayor parte del "pensamiento" que hacemos es no verbal, o pre-reflexivo. Miro el reloj y de repente me doy cuenta de que llego tarde al trabajo; un segundo después verbalizo mentalmente: "¡Oh no! Llego tarde al trabajo". No verbalizo mentalmente cuando me pongo los pantalones, me abotono la camisa o me peino. Pero es muy posible que comente para mis adentros el color o el estilo que sería mejor llevar. Cuando me afeito o me cepillo los dientes, puedo estar pensando en algo que no tiene nada que ver, como una conversación que tuve con mi mujer la noche anterior. No me estoy afeitando inconscientemente; simplemente no estoy utilizando mis palabras para tomar conciencia de ello. Pero sí pienso con palabras cuando recuerdo la conversación con mi mujer.

Muchas cosas que hacemos, desde caminar, comer y observar las cosas que nos rodean, las hacemos sin reflexión verbal. De joven, recuerdo ir en coche de Boston a Nueva York sin ser consciente de que conducía. Todo el tiempo iba ensimismado en mis pensamientos, pero respetando los límites de velocidad y las señales de tráfico. No conducía inconscientemente; simplemente no pensaba en ello.

Mientras que pensar, escuchar, concentrarse y enfocar requieren energía mental, ser consciente (conciencia) no requiere ningún gasto de energía, ningún esfuerzo. Es una conciencia espontánea, clara y unitaria que subyace a toda actividad reflexiva.

La conciencia no reflexiva es la base de toda actividad consciente. Aunque parezca que tenemos una conciencia que está dentro del cuerpo, mirando a un mundo sólido (como a través de una ventana), la realidad es que el mundo está dentro de la conciencia.

Los filósofos saben desde hace tiempo que sólo percibimos el mundo a través de nuestros sentidos. Utilizamos esta información sensorial para formarnos percepciones e ideas sobre la realidad. Por ello, siempre ha habido una lucha filosófica por contactar con lo que existe fuera de la mente. Encontrar una realidad objetiva pura. La observación del mundo real, inalterado por nuestra percepción subjetiva del mismo, es especialmente importante para la exactitud de la investigación y el conocimiento científicos. Los empiristas sostenían la opinión filosófica de que todo conocimiento procede de la experiencia.

Sin embargo, el famoso filósofo Emmanuel Kant (nacido en 1724 y fallecido en 1804) descubrió que la conciencia y el mundo físico se afectan mutuamente en la experiencia consciente que él denominó fenómeno. Todo lo que podemos conocer a través de nuestra experiencia sensorial es el fenómeno. Lo que hay más allá de esta impresión consciente (el fenómeno) está fuera de nuestro alcance perceptivo.

En otras palabras, lo que propuso es que el mundo existe como una representación de nuestras mentes. El mundo está hecho de conciencia. Ahora bien, si los objetos del mundo están en la mente como impresiones conscientes, como el fenómeno, entonces debe haber otra conciencia que mire estos objetos de la mente y los conozca como fenómenos.

Esta conciencia que aprehende y conoce los objetos conscientes de la mente es la Conciencia (la conciencia no reflexiva). Todo lo que podemos conocer son los objetos de la mente. Llamaremos Mundo a *todos los objetos* de la experiencia consciente (no sólo el mundo físico, sino también nuestros pensamientos, recuerdos y emociones).

Pero si todo lo que podemos experimentar, el Mundo, no es lo que somos, entonces, ¿cómo podemos saber quiénes o qué somos?

No puede haber otra conciencia de la conciencia no-reflexiva porque entonces tendríamos una imposible regresión interminable de conciencia(s).

El filósofo existencialista Jean Paul Sartre explicó que la conciencia no reflexiva es consciente de sí misma en el acto mismo de ser consciente de algo. Debe conocerse a sí misma en el acto de conocer algo. Esto es en el mismo sentido que un ojo no puede verse a sí mismo, pero sabe que hay visión en el acto de ver.

Al ser un punto de vista, soy incapaz de observarme como objeto. Soy una subjetividad absoluta.

Si todo esto suena enrevesado, es más fácil de realizar con la mediación. Siéntate en un lugar tranquilo con los ojos cerrados y limítate a observar tus pensamientos mientras van y vienen de tu campo de conciencia. Lo que notarás es que los pensamientos y los recuerdos no se detienen mucho, sino que van y vienen por la mente, uno tras otro.

Desde este punto de vista podemos ver (saber) que los pensamientos, sentimientos, recuerdos y emociones no son nuestro "verdadero yo" porque son cosas que van y vienen en la mente.

No podemos determinar objetivamente la naturaleza de nuestra propia conciencia porque somos la conciencia: como no tengo marco de referencia de mi propia conciencia. Sin embargo, la naturaleza de la conciencia humana es tal que el acto de observar revela al observador, el acto de conocer revela al conocedor. Igual que el acto de ver revela nuestro punto de vista visual.

Si todavía tiene dudas, haga este experimento. Cierre el ojo izquierdo; ahora, con el dedo índice derecho empuje suavemente hacia dentro el párpado superior del ojo derecho y haga esto hacia delante y hacia atrás unas cuantas veces. Lo que habrá notado es que está moviendo la imagen del mundo con el dedo. La razón por la que puedes hacer esto es porque el mundo está en la mente: eres una consciencia mirando a un mundo hecho de consciencia.

De un modo que sigue siendo un misterio para la ciencia, el cerebro crea una imagen a partir de la información sensorial, y la Conciencia observadora (usted) conoce la impresión de la imagen como un objeto en la mente

La conciencia se asemeja a un reflector, que hace aparecer el Mundo de entre las tinieblas, donde la fuente de luz se origina en la Nada. Aquí, la conciencia es la luz que emana del punto de vista, pero la conciencia es también lo que hace brillar las cosas. Es lo que da existencia a las cosas. Nunca podremos conocer la verdadera naturaleza de los objetos que brillan con la luz de la conciencia.

El hecho es que el Yo, o ego, que crees que eres, no es más que eso, una creación de tu pensamiento, otro conjunto de objetos mentales. A lo largo de tu vida moldeas un Yo a partir de las cosas del Mundo: tu cuerpo, tu educación, tu estatus social, tus recuerdos y todo lo demás que experimentas. Con el tiempo, sentimos que lo reunimos todo como una "personalidad" con una carrera, una familia, posesiones, afiliación religiosa, etc. Una personalidad que luchamos por preservar frente a la agresión de un mundo que amenaza implacablemente con desintegrarla.

Este Yo, este ego, esta persona, que tanto sufrimos para proteger, no es quien realmente somos: Es nuestra creación mental

Jean Paul Sartre describió cándidamente la condición humana como "un ser cuya naturaleza es ser consciente de la nada de su ser". Porque estoy mirando un Mundo que no soy yo, ya que todo lo que puedo experimentar no soy yo y no es mío, que no soy nada: una Nada.

Esto es inmensamente importante. Porque la causa fundamental de nuestro sufrimiento es la firme convicción de que somos ese Yo que creamos. Esto es lo que nos ata al mundo, lo que oculta nuestra libertad-y crea la sal. La realización de la Conciencia, como no siendo el Ser creado, nos libera del Mundo.

En toda observación existe siempre el indudable punto de vista de quien observa. En toda observación siempre hay "alguien" que mira algo. Este punto de vista es lo que el filósofo Edmund Husserl, famosamente (pero no claramente) quiso decir con "la conciencia es siempre una conciencia de algo".

Esta conciencia de existir es lo único de lo que puedo estar seguro de que existe. Sólo puedo saber que existo, pero no lo que soy.

El problema con el Yo es que no existe. O, a la inversa, que puedes convertirte en el Yo que quieras. Como en la actuación, puedes convertirte en cualquier personalidad si practicas lo suficiente. El mundo personalidad deriva del latín "persona", que significa máscara o actuación

En nuestro proyecto existencial de superar nuestra Nada aferrándonos al Mundo, nos perdemos en el Yo. El Yo es como un disfraz que nos construimos, decoramos con nuestras experiencias vitales y luego nos ponemos creyendo que es lo que realmente somos. Como veremos, este Yo es el origen de nuestro sufrimiento. Lo que somos no es el Yo.

El yo

Aunque parezca que nos referimos a una única identidad cuando decimos "tengo hambre", "estoy enfermo" o "te quiero", en realidad manejamos varios egos y ninguno de ellos es una entidad real. Tenemos un ego de trabajo, un ego de fiesta, un ego de padre, un ego con los padres, etc. Éstas son las diversas formas en que nos vemos a nosotros mismos e interactuar con los demás en el mundo. Todos estos egos proceden de un sentido central, aunque ambiguo del Yo, o el Ser

La palabra Ego (que significa "yo" en latín) fue utilizada por el famoso psicoanalista Sigmund Freud (n.1856, m.1939) para referirse al aspecto psicológico de la personalidad responsable de la autoconciencia. El Ego también actúa como mediador entre las energías del Id y el Superego. En la psicología contemporánea, ego se utiliza más simplemente para referirse a la identidad propia

Para las personas que no han desarrollado la disciplina de observar atentamente la mente, su psique se manifiesta según el modelo determinista descrito por Freud. Es decir, el Id es la pulsión instintiva de gratificación inmediata y el correspondiente impulso de destruir cualquier oposición. El Superego, o la conciencia, como la reserva de poderes mentales destinados a hacer cumplir las normas culturales y parentales de comportamiento ideal. El Ego, como mediador de los otros dos en la conformidad con la realidad.

Estas tres entidades se describen como autónomas y frecuentemente en conflicto. El Id a menudo coacciona al Ego, el Superego reprime los impulsos del Id y anima al Ego a comportarse adecuadamente.

Las estructuras del Ego surgen de tu identificación con el cuerpo, las ideas y las emociones como un Yo. Entonces crees que eres las emociones, los apetitos y los instintos primitivos que necesitan ser satisfechos a pesar de las restricciones morales y sociales (por ejemplo, mis necesidades sexuales, mi hambre, mi ira). Tu sentido del Ego se ve empujado y arrastrado por las ideas de quién deberías ser y quién quieres ser. Como resultado, los instintos y los pensamientos compulsivos parecen surgir de la nada, desencadenando comportamientos como si vinieran de fuera del control consciente, como si fueran inconscientes

Cuando desarrollas la capacidad de observar los objetos de la conciencia como simples objetos, entonces no es difícil discernir que el Id, el Ego y el Superego son todos objetos de la conciencia. Entonces reconoces el Id como las energías instintivas y primitivas que emanan del cuerpo como reacciones de placer o dolor, que nos apropiamos como deseo, o rechazamos como sufrimiento. El Ego como las percepciones y pensamientos a los que nos aferramos sobre quiénes somos. El Superego los ideales que asimilamos de la familia y la cultura y por los que te juzgas a ti mismo

Si estás paseando por un supermercado, por ejemplo, y ves tu helado favorito, es posible que experimentes un impulso repentino de comértelo. Rápidamente vienen a tu mente los recuerdos del sabor placentero, y la felicidad que sentiste al comerlo. Sin embargo, no hay nada fuera de tu Conciencia que pueda obligarte a comprarlo. Puedes decidir libremente ignorar la compulsión instintiva por los alimentos dulces (el Id), o puedes cumplir con el plan de seguir una dieta saludable (el Superego). También puedes calcular cuántas calorías puedes ahorrar con otros alimentos para poder comerte el helado (el Ego). Todos estos son objetos mentales que la Conciencia (la mente pre-reflexiva) es libre de elegir o rechazar. No hay voluntad inconsciente, sólo falta de consciencia consciente.

Tu Ego, o personalidad, está formado por las ideas que traes a la mente de tu pasado. Cuando recuerdas pensamientos problemáticos, reaccionas a ellos con tus emociones. Estos recuerdos causan estrés y otras complicaciones psicológicas. Si traes buenos pensamientos a tu mente, también te conviertes en ellos.

Quién eres como individuo, tus cualidades físicas, tu estatus social, tu origen étnico, etc., son cosas que te describen, pero no son Ego. Si no traes recuerdos a la mente, entonces no hay Ego. Entonces sólo eres Conciencia Pura.

Generalmente se acepta que el Ego adopta distintos papeles correspondientes a situaciones sociales concretas (por ejemplo, como profesor, padre, esposo, juez, etc.). Sin embargo, la palabra "papel" es indicativa de acciones deliberadas o estudiadas, como actuar o representar un papel. Lo que ocurre, en cambio, cuando un individuo se involucra en diversas situaciones sociales, es una inmersión total en las personalidades.

Estas diversas formas de comportarse, o Egos, se integran entonces en una intuición global de lo que es ser uno mismo, o el Ser. La conciencia pre-reflexiva se identifica con sus ideas sobre sí misma y se convierte en ellas. Se convierte en el maestro, el padre, el médico.

Por el contrario, un individuo que ha realizado la Conciencia incondicionada opera en el mundo con verdaderos roles. Es decir, tal persona es plenamente consciente de los pensamientos y acciones pertinentes a cada situación social sin referencia al ego o al Yo. En otras palabras, el ego no es una identidad sino una convención, un medio útil para relacionarse con los demás.

La tendencia básica de la psicología moderna se basa en una interpretación determinista del comportamiento y la personalidad. Sólo acepta como realidad lo que puede evaluarse empíricamente. Sin embargo, esta tendencia pasa por alto todo un universo de experiencia humana subjetiva. Es como intentar aprender a conducir un coche estudiando el motor.

El Ser nace cuando nuestra conciencia entra en contacto con el mundo. En el niño pequeño sólo existe la conciencia de ser diferente del mundo. El Yo se vuelve problemático cuando se enreda con el Mundo: con el estrés de la existencia, con el miedo a los demás, con el conocimiento de la mortalidad. Entonces empieza a crear Egos.

Puedes discernir el Ser siendo agudamente consciente de los pensamientos que surgen cuando te encuentras con otros. También se manifiesta en tus conversaciones internas. Pero es más pronunciado cuando se ve afectado por las emociones. Como descubriremos en el capítulo sobre las emociones, cuando estamos enfadados, tristes o temerosos, estamos reaccionando ante el mundo en defensa del Ser. Las emociones son un medio de autoconservación.

Supongamos ahora que, por razones epidemiológicas, se ha visto obligado a vivir aislado: sin vecinos, sin comunicación con los demás, sin nada que hacer, sin televisión, ordenador ni teléfono móvil. Hay muchos frutos secos y frutas en los alrededores, tienes semillas para empezar un huerto y hay un arroyo de agua dulce cerca. Te han dado una pequeña cabaña con una cómoda cama. Ya no tienes profesión, ni trabajo que realizar, ni título a tu nombre. Te han dejado allí para que vivas el resto de tu vida, sólo para existir. Nadie vendrá a buscarte, nada va a cambiar. Nadie leerá tus memorias. ¿Cómo ves ahora a tu Yo?

Como eres tú solo, no tienes que preocuparte por tu peinado ni por llevar ropa interesante: no hay fiestas a las que ir. Ni siquiera necesitas un nombre. No tienes nada que planificar, aparte del cuidado de tu jardín.

En esta situación, no eres más que la conciencia de existir. No hay planes, ni esperanzas, ni preocupaciones, ni proyectos en los que confiar para tener una sensación de Ser o de autorrealización.

Al principio luchas contra el vacío, contra la pérdida de identidad, contra la exigencia de algo que hacer, algo en lo que convertirte.

Pero luego la mente se calma y se abre a la paz y la felicidad de simplemente existir.

Es a este estado mental, a esta conciencia pacífica y pura, al que puedes llevar el mundo de las cosas: tu familia, tu ocupación, tus proyectos y posesiones.

Cuando tú y yo éramos niños, vivíamos así. No teníamos perspectivas profesionales, ni ansiedad sexual, ni miedo a la enfermedad o a la muerte. Aceptábamos a quienes entraban en nuestras vidas sin prejuicios ni agendas. Disfrutábamos intensamente del sabor de la comida, los colores, los olores, la música y la compañía de los demás. Éramos felices, enteros, con la experiencia de simplemente existir.

El resto de este libro te convencerá de que esta conciencia de existir como sin un Ser no es un vacío ni una imposibilidad, sino una fuente fundamental de sentido y felicidad.

La verdad sobre el sufrimiento

Nada más nacer, comenzamos nuestra lucha contra un mundo incesantemente hostil. En contraste con la ingrávida y cálida oscuridad del vientre materno, nos asaltan luces blancas cegadoras, la piel húmeda y fría, la continua necesidad de respirar y los dolores del hambre y el vaciado. Gritamos contra un mundo de incomodidades y exigencias, encontrando sólo breves islas de reposo en el camino. Nacemos en un mundo de sufrimiento y, sin embargo, esto es lo necesario.

Entre la huida del dolor y el anhelo de placer, vamos adquiriendo poco a poco un sentido de la existencia y de la propia identidad. En esto, los demás -principalmente nuestros padres- son cruciales en el desarrollo de nuestra auto integridad y autoestima. El bebé identifica la existencia de sí mismo cuando sus llantos reciben una respuesta coherente de los padres. Las caricias tiernas definen el cuerpo; la voz tranquilizadora y la mirada cariñosa reflejan para el bebé un ser-ahí.

El niño abandonado al llanto, el hambre no saciada, la piel no tocada, las palabras no escuchadas, todo contribuye a un Yo deformado y oscuro. Sin un vínculo parental estable, el niño se desarrolla emocionalmente inmaduro, con una autopercepción desintegrada. Posteriormente, como adulto, reacciona ante el mundo con ira desmedida, o dependencia excesiva, o depresión. Nuestro sufrimiento condiciona nuestra Autoconciencia, y nuestra Autoconciencia condiciona nuestro sufrimiento.

A medida que envejecemos, nos enfrentamos a los retos de un cuerpo en crecimiento, del desarrollo de habilidades sociales, de completar una educación y conseguir un empleo, el estrés de encontrar pareja, luego las preocupaciones del matrimonio y la vida familiar, las amenazas de la enfermedad, las aflicciones de la vejez y la angustia de la siempre inminente muerte. Incluso en las mejores condiciones, la vida es sobre todo sufrimiento.

Pero ¿por qué tanto sufrimiento?

Nosotros, los seres conscientes de nosotros mismos, somos los últimos y los más grandes de una larga línea de impulso evolutivo. Durante veinte mil millones de años, las galaxias y sus estrellas han evolucionado fusionándose y explotando, y a su paso han creado los elementos y minerales que componen la tierra y, finalmente, nuestros cuerpos. Nuestros cuerpos son una mezcla precisa de energía procedente del sol, minerales del suelo y agua de los mares. Respiramos gases de la atmósfera para mantener encendido nuestro fuego interno. En consecuencia, necesitamos reponer constantemente nuestros cuerpos con el universo. Sufrimos porque siempre nos falta el universo.

También heredamos una naturaleza animal que ha sobrevivido 20 millones de años en la lucha de matar o morir y el sexo a través de la conquista. Mientras nuestra tecnología y sociedad avanzan exponencialmente, arrastramos un cuerpo antiguo con una mente aún constreñida por instintos primitivos de supervivencia. Los celos, la codicia, la ira, la agresividad, el egoísmo fueron las armas psicológicas que la humanidad forjó en la lucha primitiva por la supervivencia, en un mundo con recursos limitados y abundancia de violencia. Sin embargo, estas fuerzas siguen dominando las mentes de muchos en el presente, incluso en sociedades con sobreabundancia de riqueza y educación.

El avasallador impulso primordial por la reproducción sigue, en los tiempos modernos, cegando y demonizando los corazones de muchos. Algunos impulsados a perversiones extremas, causando daños bestiales a los más indefensos. Incluso engañando a los más educados para entregarse a comportamientos sexuales precarios.

La humanidad sigue siendo una quimera: aspira a los cielos, pero sus raíces siguen hundidas en el fango.

Estamos entregados y obligados a prosperar en un mundo de sufrimiento. Necesitamos el mundo para sobrevivir, para saciar nuestra hambre, nuestra sed, nuestro malestar físico y nuestro aburrimiento. Sufrimos las consecuencias de no controlar nuestros impulsos primitivos. Como nacemos supeditados al mundo, deseamos, y como deseamos, sufrimos. Nuestra condición humana es tal que estamos gobernados por el deseo.

¡Pero la cosa empeora!

Hay deseos como hay individuos, pero lo que todos los deseos tienen en común es una carencia existencial. Siempre me faltará el conocimiento de quién soy, porque nunca podré experimentar directamente quién soy en realidad. Porque visto desde el punto de vista del saber, sólo puedo saber lo que no soy. Soy la Nada.

Lo único que puedo saber indudablemente es que existo, y nada más. Pero ¿qué es la existencia?

Como resultado, intentamos llenar nuestro vacío existencial con un Yo, que creamos a partir del Mundo, para existir como algo que podamos identificar. Esta falta de identidad esencial condiciona nuestros fuertes deseos. El problema de aferrarme al Mundo para encontrarme es que siempre voy a fracasar en la creación de un Yo real y duradero. Siempre me faltará una identidad auténtica, un Yo auténtico: siempre será alguna convención, alguna ilusión de ser. Precisamente, "Yo" se refiere a Nada.

La Carencia Existencial aflora en tiempos de crisis, o a veces tras un acontecimiento vital importante, con una sensación de desorientación o desconcierto. Pero lo más habitual es que se presente en forma de aburrimiento. El aburrimiento aparece en nuestra soledad, en la tranquilidad de una tarde de ocio, o durante un fin de semana largo en el que no hay nada bueno que ver en la televisión, y no puedes encontrar a nadie con quien salir, y estás cansado de hacer puzles y leer. Entonces nos encontramos con una lenta inquietud creciente, una vaga sensación de vacío, un sinsentido, como síntomas de la desintegración del Ser. Aquí, cuando no hay nada que hacer, nada a lo que aferrarse, experimentamos de repente un ensanchamiento del abismo entre nuestro ser y el mundo. De repente, nos encontramos, como afirma Sartre, suspendidos en la Nada.

La Nada, explica Sartre, hace posible el Ser humano: es el fundamento de la autoconciencia. Su aprehensión es trascendental. Sin embargo, la manifestación espontánea de la Nada es desconcertante para la mayoría de nosotros.

La mayoría se aleja rápidamente de esta epifanía, buscando ansiosamente las cosas del mundo para colmar el vacío. Muchos recurren a ir de compras, comer, hacer ejercicio o mantener la mente ocupada con dispositivos electrónicos o largas jornadas de trabajo. Algunos escapan trágicamente automedicándose con drogas o alcohol. Algunos bloquean el vacío buscando emociones, o la infidelidad, para "sentirse vivos".

Pero, como los placeres del mundo son efímeros, sólo podemos, en el mejor de los casos, experimentar un alivio temporal, un respiro pasajero, de este aburrimiento. Pronto nos vemos obligados de nuevo a buscar más distracciones. Algunos sufren crónicamente esta inquietud existencial y sucumben a la depresión o la adicción. Por lo general, la religión puede alimentar la plenitud fomentando una identidad espiritual, como un ser más allá del mundo. Pero para la mayoría de la gente, el compromiso no suele ser lo bastante profundo como para inducir una trascendencia de la Nada.

Si tenemos en cuenta el hambre y la malnutrición en el mundo, las enfermedades, los accidentes, los homicidios y suicidios, las enfermedades mentales, los abusos físicos y emocionales, los abusos sexuales y las guerras, podemos afirmar con exactitud que la vida, para la mayoría de las personas del mundo, gira en torno al dolor y el sufrimiento. Pocos, si es que hay alguno, pueden decir que la vida tiene sentido porque es bella y placentera.

Pero ¿qué es exactamente el sufrimiento?

Aunque con frecuencia se asocia al dolor físico, el sufrimiento es un dolor psicológico. Todos los animales sienten dolor y, como presagio de lesión, es vital. Sin embargo, sólo nosotros, los animales autoconscientes, reaccionamos ante el dolor con miedo existencial: miedo a la autolesión o a la aniquilación inminente. Sufrimos porque creemos que el cuerpo, los pensamientos o las emociones que reconocemos como el Ser están amenazados existencialmente. tememos la auto desintegración cuando no podemos conseguir lo que queremos o no queremos lo que tenemos.

Gautama el Buda identificó el ansia como la causa esencial del sufrimiento (la Segunda Noble Verdad): ansia de placeres sensuales, ansia de existencia y ansia de no existencia (DN 22). Pero éstos son síntomas de la condición fundamental de la carencia existencial: nuestro deseo de llenar nuestra Nada con el Mundo como Ser. Ansiamos el Mundo para afirmar y sostener el Ser, y rechazamos aquello que lo amenaza. Nuestra Nada esencial condiciona nuestros deseos y, en consecuencia, condiciona nuestros sufrimientos.

Sufrimos porque somos conscientes del dolor y porque sabemos lo que significa no-ser, pero sufrimos precisamente porque es la condición necesaria para nuestra libertad. El sufrimiento nos saca de la identificación con el mundo físico y nos lleva a la Nada y a la autoconciencia. Nos permite identificar la materialidad como algo distinto de mí.

Por lo tanto, el sufrimiento no es una condición absurda o fortuita de nuestra existencia. Es necesario. Si no estuviéramos libres del mundo, seríamos como los demás animales: identificados con el mundo hasta el punto de no tener conciencia de nosotros mismos. Sentiríamos y evitaríamos el dolor, pero no sería personal, no sería sufrimiento.

El sufrimiento es el precio que pagamos por nuestra autoconciencia. Es nuestro desalojo del Jardín del Edén. La ironía es que, aunque no seamos el Ser que creamos, y éste se convierta en la contingencia de nuestro sufrimiento, dependemos sin embargo de esta creación para convertirnos en seres autónomos individuales.

Si tuviéramos todo a nuestra manera, si no tuviéramos que esforzarnos por nada, si no tuviéramos que sufrir al mundo, entonces no maduraríamos. Nuestra indolencia nos dejaría débiles y subdesarrollados.

Muchos padres temen el estrés de tener que castigar. Como resultado, sus hijos no interiorizan el autocontrol y más tarde tienen problemas de disciplina y socialización. Otros padres protegen a sus hijos de cualquier forma de malestar físico o emocional haciéndolo todo por ellos. Estos niños se convierten en adultos con miedo a que les hagan daño, incapaces de gestionar el fracaso y el rechazo, con lo que su sufrimiento acaba siendo mucho peor. Tener que sufrir el mundo, el hambre, lo que nos mantiene en movimiento y en crecimiento -lo que nos hace levantarnos de la cama cada mañana.

Pero ¿cómo o por qué medios sufrimos?

El sufrimiento es un dolor psicológico. Sorprendentemente, muchos científicos que estudian el dolor creen que el dolor psicológico no existe. No es real, dicen, porque no hay cambios físicos ni daños en el cerebro; es decir, si no se puede ver en una resonancia magnética, no existe. Pero basta con quitarle un caramelo a un niño pequeño para ver el dolor psicológico en todo su esplendor. De hecho, cualquiera que haya perdido a un ser querido contará que el sufrimiento mental es el peor tipo de dolor.

Si te sientas en un lugar tranquilo, con los ojos cerrados, y observas tu mente, pronto verás cómo reaccionas ante los pensamientos que aparecen a tu conciencia. Un pensamiento surge de algo agradable, como un helado o una persona atractiva, y quieres mantener la imagen presente en tu mente para experimentar el placer que te produce. Cuando deseamos algo, centramos nuestra atención en ello como si lo agarráramos con la mente. Ahora, imagina que hay pelos en tu sopa, y rápidamente quieres deshacerte de la imagen pensando en otra cosa. Cuando algo no nos gusta, como si lo apartáramos con la mente. Nos esforzamos por evitarlo o intentamos suprimir su pensamiento con otra cosa. Esto provoca malestar mental y estrés.

El dolor mental se produce entonces cuando rechazamos un pensamiento que al mismo tiempo mantenemos en la mente. Lo queremos ahí, porque es importante para nosotros, pero al mismo tiempo nos causa angustia, por lo que también queremos deshacernos de él. Así, si he perdido a un ser querido, quiero mantener en la mente el objeto de mi deseo, pero el pensamiento de la pérdida amenaza mi existencia, por lo que quiero deshacerme de él: "¡cómo voy a vivir sin ella!".

Por otro lado, si me han insultado, rechazo el pensamiento del insulto, pero al mismo tiempo quiero tenerlo presente para luchar contra él, o para racionalizarlo a mi favor, porque amenaza mi autointegridad: "¡cómo ha podido decirme eso!". Lo que mantiene activo el conflicto, lo que lo mantiene vivo, es la energía emocional que le das. El dolor mental está causado por este aferramiento y rechazo simultáneos de los pensamientos, que tensiona y agota la mente. Si el foco del deseo, el pensamiento o la emoción, desaparece de repente (por ejemplo, mientras realizamos alguna otra actividad), también lo hace el sufrimiento. Sin embargo, aunque podamos suprimir un pensamiento forzándolo a salir de la mente con otro pensamiento, si no se ha resuelto, su energía emocional lo mantendrá inminente.

La verdad sobre el sufrimiento es que resulta de nuestra condición humana, es ineludible y es necesario. Sólo a través del sufrimiento puede un ser absolutamente subjetivo llegar a ser consciente de sí mismo. En otras palabras, si la existencia humana pudiera estar diseñada de tal manera que todas nuestras necesidades estuvieran satisfechas, que no hubiera dolor ni sufrimiento, entonces esos seres no serían conscientes de sí mismos ni estarían desarrollados. Es a través del sufrimiento personal como nos convertimos en seres humanos individuales. El sufrimiento forja el carácter. Pero aún más, es el sufrimiento lo que nos inspira a trascender el mundo, a realizar nuestra Libertad Absoluta.

La peor verdad sobre el sufrimiento es que es predominantemente obra humana. Debido a la ignorancia, la avaricia, el egoísmo y la lujuria temeraria, somos los autores de la mayor parte del sufrimiento al que nos sometemos. Incluso las tragedias de las catástrofes naturales son peores debido a las malas condiciones de vida causadas por el abuso y la negligencia de quienes tienen el poder de gobernar.

El sufrimiento es beneficioso para nuestro sano desarrollo, pero sólo con moderación, no si es opresivo o abrumador. Es lamentable que la vida pudiera ser maravillosa para todos, a pesar de cierto sufrimiento, si todos nos tratáramos con respeto y amabilidad.

La vida siempre será una carencia. La vida nos encontrará a todos con retos, obligaciones y responsabilidades. Con frecuencia será incómoda y a menudo dolorosa. Así son las cosas. Sufrimos cuando ansiamos y rechazamos, cuando tememos el dolor y tememos por el Ser, y aún más cuando tememos el sufrimiento. Tememos el sufrimiento de una relación, el sufrimiento del trabajo, el sufrimiento del cuerpo, el sufrimiento de envejecer, el sufrimiento de nuestros hijos. Tratando de evadir todo este sufrimiento, nos divorciamos, nos entregamos a entretenimientos sin sentido, abusamos de la medicación y sobreprotegemos o descuidamos a nuestros hijos.

Al consentir el miedo al sufrimiento, no apreciamos que la superación de las dificultades nos hace más fuertes, y la indolencia nos atrofia. Es la lucha la que fortalece los cuerpos y endurece la mente. No hay que temer al sufrimiento; hay que comprenderlo, aceptarlo y superarlo.

Desiderata

Estamos condenados a desear. Porque estamos sujetos a la existencia física, porque somos una Nada, debemos desear, y debemos elegir.

Pero lo que más deseamos es la felicidad. Nuestro deseo de felicidad está en la raíz de todas las demás intenciones. Aunque podamos desear una mejor salud, éxito, más dinero, más tiempo, el bienestar de los demás o no tener problemas, la aspiración subyacente es nuestra satisfacción personal. Y aunque NECESITAMOS muchas cosas para nuestra supervivencia y salud, DESEAMOS muchas más que creemos que harán más feliz a nuestro Ser. Mientras que un deseo por necesidad proviene de nuestra contingencia, como querer comida para paliar el hambre, un deseo por necesidad proviene del Ser (por ejemplo, querer un donut). Sin embargo, los deseos que se originan en el Yo sólo generan decepción.

Como ya hemos señalado, nos vemos arrojados a un mundo de necesidades y sufrimiento. Es la angustia causada por la falta de lo que necesitamos para sobrevivir lo que condiciona nuestro deseo del mundo material. NECESITAMOS comida, agua, ropa, cobijo, abrigo y a los demás para nuestro sentido de la existencia.

Suspendida en el cálido líquido amniótico, la conciencia del feto está tranquila, centrada, en paz. Con el nacimiento, el cuerpo toma conciencia del frío, la humedad, el hambre, los dolores. Las cálidas mantas, las tomas de leche, las voces tranquilizadoras, son un respiro de las agresiones de la existencia física, incitando tempranamente nuestras ansias de los placeres del mundo. Nuestra vida es una búsqueda, una carencia, un anhelo y un devenir. También es un viaje de autodescubrimiento y auto creación impulsado por la austeridad de la vida y la brevedad de la satisfacción.

Es a través del cuerpo como interactuamos en el mundo y, por lo tanto, es el conducto para el desarrollo y la evolución del Ser. La conciencia entra en contacto con el universo a través de los sentidos, creando reacciones agradables o desagradables, instigando nuestros gustos y disgustos. Pero no nos encontramos con la sensación en sí, sino con el chocolate, el perfume, la blusa de seda, la lluvia fría. Tampoco muevo el brazo para agarrar algo, sino que cojo el martillo, toco el piano. No muevo una pierna tras otra, sino que camino y bailo: Experimento el cuerpo como Yo.

No sólo nos extendemos por el mundo a través del cuerpo, sino que éste se convierte a la vez en expresión y afirmación de nuestra existencia personal. Los niños pequeños lo expresan elocuentemente con su alegría de vivir, con su deleite en los movimientos de su cuerpo, como al correr y bailar.

Digo: "Tengo hambre", "Tengo sed" o "Tengo frío", porque después de tantos años de experimentar la vida en el cuerpo, me siento como Yo. Soy alto, soy viejo, soy joven, soy asiático, blanco, negro, soy hombre, soy mujer: Este cuerpo se siente como Yo.

Pero ¿conoces bien tu cuerpo?

Si te sientas en un lugar tranquilo y te concentras en las sensaciones inmediatas del cuerpo, sentirás la presión producida por la gravedad sobre las nalgas y las plantas de los pies. Sentirás las manos apoyadas en el regazo. Quizá notes una tensión en los músculos de la zona lumbar por la posición sentada. Percibirías el frescor de la piel expuesta, el tacto de la ropa o un picor. Sin embargo, tendrías que hacer un esfuerzo para ser consciente del movimiento de la respiración o del parpadeo de los ojos.

No te darías cuenta, sin embargo, de los latidos dinámicos de tu corazón setenta veces por minuto y del movimiento de la sangre desde las grandes arterias hasta cada uno de los microscópicos capilares y células. No serías consciente de que los riñones filtran cuarenta y cinco galones de sangre al día y regulan tu presión sanguínea y los minerales de la sangre a un decimal de diferencia. Serías insensible a la digestión y absorción de los alimentos por veinticinco pies de intestino, a los cientos de reacciones químicas que se producen en el hígado y a la producción y regulación de docenas de hormonas por las glándulas corporales.

La realidad es que usted es inconsciente de la mayoría de sus sistemas orgánicos e ignora los vastos y complejos procesos que tienen lugar a diario para que su cuerpo sobreviva un día más. Es más, si pudieras verlos, no reconocerías tu corazón o tu riñón como diferentes de los de otra persona. En otras palabras, eres tu cuerpo poco más de lo que eres tú coche.

Y, sin embargo, el cuerpo es más que un simple recipiente, más que una máquina, no un avatar. Es por medio del cuerpo que una conciencia logra una existencia individual. Esto es un predicamento porque necesito este cuerpo para ser Yo, y sin embargo este cuerpo no es Yo. No es mi verdadero yo.

Si proyecto mis esperanzas de felicidad en mi cuerpo o en el cuerpo de los demás, entonces sufriré inevitablemente, porque mi cuerpo y los demás cuerpos son objetos de conciencia. El cuerpo no es lo que realmente soy.

Desiderata

Al perseguir nuestro Autoconocimiento a través del cuerpo, creamos una imagen corporal: un concepto de cómo es el cuerpo para Mí y cómo es para los demás. Hay muchos fabricantes que gastan mucho dinero intentando convencerte de que su producto te hará más atractivo y, por tanto, más feliz, y muchos de nosotros gastamos mucho dinero creyéndoles. Sin embargo, este empeño se topa invariablemente con la frustración.

Dado que nuestro punto de vista sobre el cuerpo es una subjetividad, tenemos grandes dificultades para crear una imagen corporal precisa y objetiva. En consecuencia, nos vemos obligados a vernos a través de los ojos de quienes nos contemplan. Como señala Sartre, precisamente trascendemos el cuerpo: no lo vemos, lo vivimos.

Dependemos de los demás para que nos den el cuerpo que deseamos. Por ejemplo, vas caminando por la calle y una persona atractiva te sonríe, y te sientes guapa (o guapo) y feliz. Unos minutos después, tu amigo te señala la mancha roja que tienes en la nariz y te sientes tonto. Lo mismo ocurre con el maquillaje y la ropa. Miramos a los demás para saber si estamos tan guapos como creemos.

También deseamos el cuerpo de los demás para satisfacer el instinto sexual. El deseo sexual parece surgir del Yo. Pero en realidad se origina en el cuerpo, en el impulso de la naturaleza. Nuestro apetito por el sexo, si se observa atentamente, es como nuestro apetito por la comida. Puede que no tengas hambre, pero de repente percibes el olor de una comida bien condimentada y empiezas a salivar. No percibes el estómago como hambriento, sino "tengo hambre". Es decir, nos apropiamos del hambre como Ser. Después de comer, no es el estómago el que se percibe satisfecho, sino Yo. Lo mismo ocurre con el apetito sexual. Se origina en el cuerpo, pero nos apropiamos del impulso y del placer como Yo y mío. Tú experimentas el sexo de la misma manera.

El deseo sexual es uno de nuestros instintos más fuertes, sólo superado por el miedo a la muerte. El sexo, energía primigenia de la creación, es tan antiguo como la vida misma. Creemos que nos pertenece, pero la mayoría de las veces nos pertenece. De hecho, lo llamamos instinto porque impulsa la mente como si tomara posesión de ella. Resulta desconcertante ver cómo personas maduras y con un alto nivel educativo lo arriesgan todo -reputación, familia, carrera- por un encuentro sexual.

El sexo amplifica intensamente nuestra sensación de ser un cuerpo, de existir: te hace sentir "vivo". Sin embargo, como todo lo que proviene del cuerpo, es temporal, y acabará resultando una frustración o una adicción. La verdad exacta es que el sexo es estresante. Exige una gran inversión de energía personal y tiempo, y está empañado de complicaciones sociales y emocionales. Suele venir acompañado de mucha sal.

Nuestro deseo de existir como objeto para uno mismo nos impulsa a asir el mundo y a los demás a través del cuerpo. Buda enseñó que el deseo del cuerpo y del mundo es lo que condiciona nuestro sufrimiento. Pero, como hemos visto, este deseo se origina en un miedo existencial al no-ser. Es la vacuidad, el vacío, generado por la Nada de la conciencia, lo que crea el hambre de un Ser, de una existencia objetiva, de un ser-ser material como un cuerpo.

El Yo, engendrado a partir de un cuerpo que apenas conocemos y supeditado a un mundo cambiante, se convierte en algo inestable y escurridizo que mantenemos vivo a través del deseo. Cuando deseamos el mundo para mantener nuestro Yo, entonces las cosas que queremos se convierten en las cosas que necesitamos. Entonces, en lugar de la comida que necesitamos para nuestra nutrición adecuada, queremos comida basura para aplacar el aburrimiento y calmar el vacío. En lugar de ropa cómoda para protegernos del medio ambiente, queremos prendas de diseño caras para impresionar e influir en los demás. En lugar de pasar tiempo con amigos, queremos relacionarnos con personas que alimenten nuestro ego y nuestras ambiciones con su estatus o su riqueza.

Todas las cosas que queremos para nuestro Yo -riqueza, poder, fama- siempre nos dejarán inquietos y hambrientos de más para llenar el vacío y mitigar nuestra infelicidad.

Mientras nos aferramos al mundo para satisfacer nuestros deseos, lo que realmente deseamos es la plenitud: ese algo que llenará el vacío de nuestras vidas con sentido y verdadera felicidad.

El yo emocional

Las emociones parecen ser la sal de la vida. Aunque una vida sin emociones no parece muy atractiva, cuando se observa de cerca y con realismo, nuestras emociones resultan ser más bien como demasiado tabasco en la sopa o demasiado azúcar en el café.

Aunque hay muchas emociones, todas se derivan de una combinación de cuatro reacciones psicológicas primitivas, a saber: ira, tristeza, alegría y miedo. Del mismo modo que los cuatro sabores básicos (ácido, dulce, salado y amargo) constituyen la gran variedad de sabores, una combinación de estas reacciones básicas comprende la gran variedad de emociones. El asco, por ejemplo, es una combinación de miedo e ira. La excitación es una mezcla de miedo y alegría. Las cuatro reacciones emocionales básicas son instintivas, ya que se originan en una parte primigenia del cerebro llamada sistema límbico o corteza paleo-mamífero. Experimentamos las emociones físicamente porque la actividad del sistema límbico está muy conectada con otras partes del cerebro y con la regulación de las hormonas. Estas se reflejan en el cuerpo provocando sensaciones de: excitación, cansancio, hiperventilación, sudoración, mariposas en el estómago, dolor de cabeza y muchas más.

Las teorías de las emociones en general describen la reacción corporal, o excitación, como una respuesta a un estímulo que luego percibimos conscientemente como emoción. Es decir, la emoción es una reacción secundaria a la excitación. En consecuencia, sentimos miedo porque sentimos primero el temblor (la excitación) del cuerpo, como respuesta al estímulo externo (una serpiente). Aparentemente, el sistema límbico primitivo reconoce el peligro y reacciona antes incluso de que seamos conscientes de ello.

Sin embargo, estas observaciones e interpretaciones no identifican la conciencia pre-reflexiva como lo que primero percibe y reacciona ante el estímulo externo. La percepción se produce tan rápidamente que parece instintiva o inconsciente. Está el reconocimiento pre-reflexivo inicial del peligro para el Yo (el estímulo externo), luego la reacción fisiológica instintiva refleja al peligro (la reacción límbica). Por último, está la afirmación verbal reflexiva del suceso (el reconocimiento de la emoción). Este reconocimiento pre-reflexivo inicial se puede apreciar como plenamente consciente con el entrenamiento en la conciencia plena de la mente.

Por ejemplo, primero detectas (de forma pre-refleja) que el coche de delante se ha parado de repente, luego muy rápidamente (de forma pre-refleja) de terminas el peligro, y lo que tienes que hacer. Mediante un reflejo muscular entrenado, pisas el freno. A continuación, el corazón empieza a latir con fuerza y se libera adrenalina (reacción límbica de peligro). Por último, reconoces reflexivamente que tu reacción es de miedo, que tu vida está en peligro. De lo contrario, te quedarías paralizado por el miedo, sin saber qué hacer, y llegarías demasiado tarde para pisar el freno. Es decir, el propio sistema límbico no puede saber lo que está ocurriendo ni que hay que pisar el freno.

La mayoría de las investigaciones sobre las emociones que se realizan en la actualidad intentan detectar con imágenes el efecto de las emociones en el cerebro. O implican estudios del comportamiento humano y experimentos con ratas. Estos estudios objetivos, basados en pruebas y deterministas de las emociones son (de nuevo) como intentar averiguar cómo se conduce un coche estudiando el motor, o aprender a nadar estudiando a los peces. Sin duda, las emociones surgen de la actividad del cerebro, pero es la conciencia la que es consciente de ellas.

La experiencia subjetiva de las emociones puede clasificarse según la intención que la mente tenga hacia un objeto, respectivamente: asimiento para la alegría, rechazo para el miedo, reacción positiva a la obstrucción para la ira y reacción negativa a la obstrucción para la tristeza.

Las intenciones, a su vez, se derivan del Ser. Si tengo el deseo de algo, un donut azucarado, por ejemplo, y mi deseo se cumple, siento alegría. Si recuerdo que estoy vigilando mi peso y resisto mis impulsos, entonces puedo sentir tristeza. Si un compañero de trabajo me quita el donut para ayudarme con mi dieta, sentiré rabia. Y, si mi médico me dice que los donuts me obstruirán las arterias del corazón, entonces miedo

Aunque las emociones nos ayudan a gestionar las agresiones y frustraciones del mundo, lo más frecuente es que estallen como reacciones a los pensamientos. En este sentido, las emociones que nos ayudaron a sobrevivir en la tierra primitiva son ahora excesivas para nuestro estado moderno de existencia.

La ira, el fuego de la mente alimentado por el sistema nervioso simpático y la liberación de adrenalina, hizo posible que nos mantuviéramos firmes contra el tigre de dientes de sable y el grisáceo ancestral. Aunque hoy en día no hay tigres ni osos que amenacen nuestra existencia física, empleamos la misma reacción poderosa contra cualquier cosa que amenace nuestro Yo. Utilizamos la ira para proteger nuestra autoestima, lo que parecería algo bueno, salvo que contra lo que estamos luchando, la mayoría de las veces es contra nuestros propios pensamientos.

La ira es siempre una reacción existencial al miedo a herir el cuerpo o el Yo. Si trabajas con un Yo vulnerable, es posible que te enfades a menudo, arremetiendo contra quienquiera que amenace tu ideología, tus hábitos, tu autoimagen o tu autojustificación. Si la ira se convierte en un hábito, entonces se convertirá en una identidad. El cuerpo y la mente están continuamente expuestos a los efectos tóxicos de la adrenalina y el estrés, lo que provoca inmunosupresión, hipertensión, ansiedad o depresión.

La ira se siente pesada en la mente, irrita, agarrota. No se puede bailar, contar chistes, reír o preocuparse por los demás cuando se está enfadado. El Yo de una persona frecuentemente enfadada es infeliz. La verdad es que la ira es más tóxica para Mí que amenazar a cualquier otra persona. Cuanta más ira lanzamos contra los demás, más se acumula en nosotros, creciendo como un cáncer, dominando y nublando la mente.

Cuando nuestra intención de asir o rechazar un objeto se ve frustrada, experimentamos tristeza. Si juzgamos que la amenaza de dañar al Ser es abrumadora, entonces nos retiramos, nos escondemos. Cuando la frustración de obtener lo que deseamos es demasiado grande, nos sentimos derrotados y deprimidos. La tristeza es una retracción de la mente en sí misma. Retiramos nuestra atención del mundo, nos volvemos distraídos, inconscientes del día soleado más hermoso. El Ser se vuelve débil, apagado, impotente. Mientras que la ira se enfrenta al mundo en términos sencillos, la tristeza se mezcla en matices: de la simpatía, a la melancolía, a la depresión.

La tristeza es el resultado de la ruptura de los vínculos con el Mundo. En este sentido, es el miedo a la tristeza lo que funciona para mantenernos unidos, lo que sostiene los vínculos. Es decir, si separarnos no causara dolor de pérdida, un duelo, entonces no nos costaría ningún esfuerzo romper nuestras relaciones. Evitar la tristeza ayuda a mantener unidas a las familias y a los amantes. Como la simpatía, nos inspira a cuidar de los débiles, los ancianos y los indefensos. La empatía promueve la cohesión de grupos, culturas y naciones. El amor nos une y la tristeza evita que nos alejemos.

La tristeza tiene que ver con el deseo, con el apego, y cuanto más apegados hayamos estado a algo o a alguien, mayor será la pena y la angustia de la pérdida. La tristeza se cura con el tiempo, a medida que un deseo se consume por habituación o fatiga. Sin embargo, si el anhelo es demasiado grande o dura demasiado tiempo, entonces la tristeza se convierte en objeto de apego. Aunque hay muchas cosas que pueden provocar una depresión -un desequilibrio hormonal, una pérdida trágica, una lesión física grave-, cuando la propia tristeza se convierte en un foco de atención constante, se convierte en una identidad propia.

Experimentamos alegría cuando se cumple un deseo, cuando por fin se alivia el anhelo, la ansiedad, el miedo a quedarse sin nada. Sin embargo, por muy brillante que sea la alegría, siempre tendrá una sombra de tristeza, siempre el miedo a perder, a volver a estar vacío. Por eso, la alegría nunca puede equivaler a felicidad, pues siempre le queda un regusto de miedo

En lugar de hacer la vida más interesante, aferrarnos a nuestras emociones primitivas es estresante, como añadir demasiada sal a la comida o demasiado azúcar al café. Desborda los sabores naturales de la vida. Las emociones son una respuesta al miedo subyacente: miedo a no conseguir lo que queremos (tristeza e ira) y miedo a perder lo que tenemos (alegría y tristeza).

Las emociones alimentan al Ser. Siempre vienen con algo de sal. Perturban tu paz mental y te roban la auténtica felicidad.

Miedo a la libertad

El miedo, como reacción al peligro, es omnipresente en todos los seres sensibles: nos mantiene vivos. Pero para tener miedo de verdad debes ser consciente de ti mismo. Debes ser capaz de anticipar tu inexistencia. Los humanos somos los únicos animales que sabemos lo que significa no existir, que conocemos la Nada. Nuestra essentia como Nada no sólo nos hace temer la muerte, sino que también alimenta nuestro miedo a no ser nadie.

El miedo existencial no es como la reacción de angustia ante un demonio en la cara. Es un miedo a lo desconocido, una desesperación, una ansiedad, una angustia. Como una noche oscura, la Nada niega nuestra propia identidad, enfrentándonos cara a cara con la posibilidad de nuestra inexistencia.

Aunque de vez en cuando nos enfrentamos a la cruda realidad de nuestra mortalidad, como cuando estamos enfermos o presenciamos una muerte, la mayoría de las veces nos esforzamos por evitar pensar en ello.

En esta medida, creamos fantasías sobre quiénes somos y en qué consiste nuestra vida para ocultar la abominable verdad de que no tenemos ni idea de por qué existimos, y de que vamos a morir. Nos apartamos y nos aferramos al Ser en rechazo a la aprehensión de que la muerte hace absurda nuestra existencia: que nuestra vida trata de Nada. Y aunque la mayoría de nosotros encontramos cierto consuelo en la creencia de un Dios, la llamada a la Fe es testimonio de una relación silenciosa.

El encuentro repentino con nuestra Nada puede ser desconcertante. No sólo porque nos encontramos suspendidos sobre un vacío abismal, sino porque nos damos cuenta de que no hay nada que nos sostenga. Que esa Nada es también Libertad absoluta. Como Nada, puesto que existo como punto de vista fuera del Mundo, como a distancia de él, estoy incondicionado por él. Es más, soy yo quien hace que el Mundo sea.

Desde mi punto de vista de no ser nada, soy totalmente libre de ser cualquier cosa. Irónicamente, como señaló Sartre, tenemos miedo de nuestra libertad. Tenemos miedo de la responsabilidad de no estar limitados. Tememos perder el control porque no hay nada que nos controle, nada a lo que agarrarnos.

La prueba de esta libertad radical de la mente es el comportamiento impredecible de los seres humanos: desde la compasión más sublime y la bondad más desinteresada hasta la insensibilidad más inimaginable y la crueldad, y nunca deja de asombrarnos el alcance de la vileza humana.

A diferencia de los animales, no existen límites naturales que restrinjan el comportamiento humano, ni instintos que nos refrenen de actos de crueldad, asesinato o suicidio. Debido a nuestro miedo a esta mente desenfrenada, y al conocimiento de lo que es capaz de hacer, que necesitamos fuertes tabúes, leyes y castigos como elementos disuasorios.

Esta Libertad existencial se hace más patente y amenazadora cuando se está en soledad. Cuando estamos solos, estamos libres de los juicios de los demás, pero no hay nadie que objetive nuestra existencia. Aquí, la Nada puede emerger abruptamente con una Libertad absoluta desconcertante. Para alguien apegado al Yo, esta liberación repentina, este poder de extrañamiento, se revela a menudo como angustia, o náusea existencial, según Sartre.

De ahí que nos sintamos como desorientados, incapaces de saber qué se supone que debemos hacer, sintiéndonos ajenos a nuestro Yo. Para escapar de la Nada, muchos buscan su identidad en un estilo de vida, un grupo social, una ideología, una banda o una secta. Sin embargo, lo que nos define también nos limita. Así, construimos una jaula para sentirnos seguros y protegidos.

Los filósofos llevan discutiendo sobre el libre albedrío desde los antiguos griegos. La respuesta reviste una gran importancia, no sólo por la forma en que somos responsables de nuestras decisiones y sus consecuencias. Por ejemplo, si un individuo que comete un delito tenía plena libertad para elegir el curso de su acción o, por el contrario, fue víctima de la genética y las circunstancias. Pero lo más importante es si podemos alterar nuestra suerte y elegir libremente nuestro destino. Los argumentos a este respecto son numerosos y complejos, y van desde el determinismo, que propone que el comportamiento humano está predeterminado, hasta los teístas que proclaman la espiritualidad autónoma del ser humano.

Sin embargo, la mayoría de nosotros no somos libres y desconocemos gravemente la naturaleza y el poder de nuestra Libertad inherente. Como ya hemos señalado, estamos fuertemente afectados, y a veces esclavizados, por nuestros impulsos instintivos de lujuria y agresión. Nuestros pensamientos y emociones están condicionados por nuestras experiencias vitales, la calidad de nuestra educación y nuestra sensibilidad innata. Aceptamos amplia e indiscriminadamente creencias y actitudes de nuestros padres y nuestra cultura. Muchas personas mantienen valores y normas incuestionables. Así, para la persona media, en la monotonía de la existencia cotidiana, su fuerza de voluntad está muy condicionada.

Aunque hay factores que influyen en nuestras decisiones, intuitivamente somos muy conscientes de nuestra libertad para elegir. En el supermercado, a la hora de comer, al elegir una prenda de vestir o un canal de televisión, consideramos nuestras opciones y tomamos decisiones. Nunca nos sorprenden nuestras elecciones. Por muy sesgadas o influenciadas que estén nuestras decisiones, siempre hacemos una elección libre y consciente. Es decir, nuestras elecciones pueden estar condicionadas, pero nuestra elección no lo está.

Lo que imprime nuestro sentido de la autonomía es la intuición de la desconexión de nuestro punto de vista con las distintas posibilidades de elección. Consideramos mentalmente reacciones alternativas en respuesta a una situación dada. Por ejemplo, al decidir si comerme un donut o una manzana, puedo tener en cuenta mi peso actual, mi colesterol, el entorno social (los demás eligen donuts), mis experiencias infantiles con manzanas y donuts, el aspecto de la comida... y luego, si un compañero de trabajo me sugiere elegir la manzana, puedo elegir lo contrario por despecho o aceptar el consejo. Todas estas opciones pasan por la mente muy rápidamente, aparentemente de forma subconsciente.

Si observas tu mente cuidadosamente, puedes ver que cuando estás decidiendo, son pensamientos lo que observas en la mente, mientras que el acto de decidir en sí mismo es incondicionado. Serías capaz de tomar una decisión absolutamente aleatoria si eres consciente de rechazar cualquier prejuicio. La decisión no está predeterminada ni es subconsciente si eres consciente.

Como Sartre explicó minuciosamente, la Nada de la conciencia es la condición necesaria para nuestra Libertad existencial (nuestro libre albedrío). Este es el sentido de su famosa exclamación: "la existencia precede a la esencia". Lo que significa que es porque nada me condiciona, que puedo ejercer el libre albedrío absoluto para decidir quién quiero ser.

Renunciar a nuestra Libertad esencial es lo que Sartre llama "Mala Fe". Siempre nos aferramos a un Yo de Mala Fe. El miedo a la Libertad absoluta nos obliga a aferrarnos al Yo con la ambición de forjar una solidez existencial: ser algo. Es decir, tenemos miedo de no ser nada.

Al actuar para ser algo que no somos, siempre habrá algún paso en falso, alguna desgracia imprevista, que nos arroje de nuevo a la Nada. Siempre habrá falta de autenticidad, insatisfacción, insatisfacción con un Yo creado. Es también esta profunda y desconcertante Libertad lo que hace que sea tan desalentador dejar ir al Yo.

Los otros

En su obra maestra, El ser y la nada, Sartre ilustra con agudeza la naturaleza del Otro. Representa a un hombre que mira por el ojo de una cerradura en un pasillo oscuro. Completamente absorto en su actividad, ha perdido toda conciencia de sí mismo: es totalmente su mirón. De repente, oye unos pasos que se acercan y, bruscamente, toma conciencia de que está allí, de su existencia y del hecho de que es un voyeur. Con este experimento mental, Sartre ilustra la compleja interacción de los seres conscientes: el juego siempre circular del yo como sujeto para sí mismo y del yo como objeto para el Otro.

Cuando miramos un objeto inanimado, lo percibimos como eso: un objeto tridimensional en el espacio. Sin embargo, cuando nos enfrentamos a un ser consciente, nos percatamos agudamente de otra dimensión, una dimensión interior de la conciencia. Esta dimensión interior es un enigma para nosotros. Da miedo porque es imprevisible; puede volverse contra uno de repente.

Aunque las cosas no vivas pueden ser impredecibles -como una tormenta, un relámpago, el océano-, no son confrontativas, no están dirigidas a mí personalmente. Puedo perderme en mis pensamientos mientras contemplo un árbol, una estatua o una foto de alguien, como objetos de mi conciencia. Pero cuando me acerco a algo con conciencia de mí mismo, de repente me doy cuenta de que soy un objeto para otro sujeto. Ya no soy el único que tiene el control. El universo ya no sólo está representado en mi conciencia: hay otro universo para el que yo soy un objeto.

Lo que Sartre describió como la Mirada del Otro es ese poder de la atención que conocemos demasiado bien pero que nos vemos presionados a describir porque es para nosotros otra Nada. La Mirada del Otro provoca tanta angustia como mi propia Nada. Y, sin embargo, también anhelamos esta Mirada porque es el único momento en el que puedo tener una aprehensión de mi propia objetividad: Quiero que el Otro reconozca este ser único que soy Yo.

Podemos reconocer especialmente el efecto del Otro cuando estamos en competición. Entonces, me vuelvo agudamente sensible a esa otra conciencia que se enfrenta a Mí. Es interesante observar que las competiciones de ajedrez organizadas entre humanos y ordenadores son impopulares. Aunque un ordenador puede ajustarse a cualquier nivel de juego, casi nadie experimenta grandes emociones jugando contra un cerebro de silicio. Más bien, es el hecho de sentarse frente a otro consciente en un tablero de ajedrez lo que dispara la adrenalina y provoca la emoción que atrae a miles de personas a la competición. Es la conciencia de una persona y la interacción de sentimientos y emociones lo que aporta amenaza y pasión a la interacción humana.

Como niños, dependemos de los demás para que nos alimenten, nos vistan, nos protejan y nos enseñen el mundo. Y lo que es aún más importante, los Otros nos informan de nuestra propia existencia, de nuestro sentido del ser. Como explica Sartre, sin el Otro, una persona sería poco más que un animal consciente de sí mismo.

Especialmente en las relaciones, estamos en deuda con el Otro para que nos dé el Yo que no podemos ver. Puesto que tenemos un punto de vista subjetivo absoluto sobre el mundo, puesto que no podemos conocernos directamente a nosotros mismos,
estamos obligados a que los demás nos informen de cómo nos perciben, e incluso de quiénes somos.

Sin embargo, al otorgar este poder al Otro, disminuimos nuestra propia subjetividad y libertad y nos volvemos vulnerables. Si disminuyo la importancia del Otro, si disminuyo su subjetividad (viéndolo más como un objeto), entonces esto oscurece mi objetividad. Como explica Sartre, esto crea una lucha de poder circular sin una resolución fácil. Las relaciones personales son tan amenazadoras como seductoras, y rara vez son inequívocas.

Dependemos de los Otros para que nos ayuden a crear nuestro Yo, pero en la misma medida nos hacemos vulnerables a sus prejuicios. Al llegar a la edad adulta, se nos transmiten valores sobre las personas y el mundo, que asimilamos sin cuestionar ni examinar. Aceptamos estas ideas y creencias como parte de lo que significa ser Yo. Nos forjamos irreflexivamente opiniones sobre el aspecto físico, la ropa y el comportamiento, que empleamos para discriminar a los demás y para criticarnos a nosotros mismos.

Pero nuestras interacciones personales nos afectan de forma aún más precaria. Porque todo lo que haces a los demás también te lo haces a ti mismo. Esto es lo que yo llamo la Regla Roja de la Moral. Esto significa, por ejemplo, que, para enfadarte con alguien, primero debes crear ira dentro de ti, y esto se convierte en una condición que captarás como Ser. Del mismo modo, un acto de bondad debe proceder de la bondad amorosa que brota dentro de ti.

Cuando una emoción se apodera de la mente, como la ira o la tristeza, la mente se absorbe en ella durante un tiempo. Debe convertirse en emoción durante un tiempo. Cuanto más practicas el apoderamiento de un comportamiento, una idea o una emoción, más se convierte en tu forma de ser, o en tu identidad. En otras palabras, la forma en que tratas a los demás te afecta más a ti que a los demás.

En conclusión, la naturaleza de la conciencia humana hace que las relaciones sean difíciles y arriesgadas. Nos necesitamos para saber quiénes somos, pero esto nos hace vulnerables los unos a los otros. La forma en que nos tratamos determina en gran medida la sal o el agua que poseemos.

El problema de la felicidad

Todos queremos ser felices. Incluso con el acto más pervertido, la mente distorsionada busca lo que cree que le traerá la felicidad. Un suicida cree que la muerte le traerá finalmente la felicidad. Muchos de nosotros determinamos el valor de nuestras relaciones en función de la satisfacción que me proporcionan. La felicidad está garantizada incluso en la Constitución.

Nuestro deseo de felicidad impulsa gran parte de la economía estadounidense. Los fabricantes de maquillaje, productos sanitarios y ropa gastan mucho dinero intentando convencernos de que un mejor aspecto físico traerá más felicidad a nuestras vidas. Tenemos restaurantes, películas, televisión, videojuegos, teléfonos móviles, comida basura, helados, coches deportivos, mascotas, discotecas y la hora feliz, por mencionar sólo algunas de las muchas cosas que aportan alegría y placer a nuestras vidas. Con tantas opciones para disfrutar, cuesta creer que pueda haber gente infeliz. Sin embargo, la sobreabundancia de entretenimiento es más indicativa de nuestra insatisfacción y aburrimiento que de nuestra realización personal.

Mientras que la mayoría de la gente podría elaborar una lista rápida de las cosas que les hacen felices, filósofos y psicólogos llevan años rascándose la cabeza en tratando de averiguar qué es la felicidad, sin mucho acuerdo ni éxito. Definida generalmente como un estado de bienestar (como definir el agua como algo líquido), las últimas investigaciones concluyen que la capacidad de ser feliz está determinada en gran medida genéticamente (Seligman 2002). Aunque todavía no se ha descubierto el gen de la felicidad.

Entonces, si no podemos definir lo que es la felicidad, ¿quizás no sea sufrimiento?

Bajo el epígrafe de "sufrimiento", podemos enumerar las muchas cosas que no nos gustan. Podríamos empezar por las verduras: ¡oh, si supieran a galletas, qué felicidad! Luego están los deberes, los exámenes y los informes de los libros: nuestra educación está llena de estrés y malestar, y parece que nunca termina. A algunas personas les gusta hacer ejercicio, pero a mí me resulta mucho más agradable tumbarme en el sofá a ver una película. Aunque para la mayoría de la gente el trabajo no es algo terrible, no lo llamamos entretenimiento, y poca gente tiene ganas de que llegue el lunes. Por lo tanto, parece que en la vida hay que sufrir muchas cosas desagradables, pero está claro que si seguimos sólo nuestro sentido de la gratificación, acabaremos no tan bien: insanos, analfabetos y en paro. Como hemos visto, el sufrimiento es lo que nos desarrolla, lo que nos identifica y lo que forja el carácter.

Por lo visto, la línea que separa la felicidad del sufrimiento es un poco difusa, ya que también necesitamos el sufrimiento para ser felices. Esto es cierto cuando se trata del matrimonio. Con la perspectiva de un placer físico sin complicaciones, una compañía fiable y felicidad para siempre, casi todo el mundo quiere casarse. Sin embargo, la fantasía de la boda da paso rápidamente a la realidad de dos individuos que cohabitan con intereses y expectativas diferentes. Hay malentendidos, hay luchas de poder, hay miedo a perderse a uno mismo o al otro, hay sufrimiento. Luego hay reconciliación, placeres intensos, desconfianza y más sufrimiento.

Si ambos son lo suficientemente valientes y fieles como para superar todos los conflictos sin divorciarse, entonces se verán recompensados con una profundización de la relación y un conocimiento más profundo el uno del otro. Con el divorcio, hay una profunda tristeza, una sensación de pérdida personal, confusión y un volver a empezar. En general, las personas casadas viven más, están más sanas, son más felices y tienen menos probabilidades de suicidarse que las solteras. Sin embargo, el suicidio es mayor entre los divorciados, y la incidencia del divorcio es del 50%. Entonces, ¿son más felices los casados? Bueno, todo depende de cómo definamos la felicidad, pero parece una apuesta arriesgada.

Puesto que es difícil decidir qué es la felicidad, quizá podamos determinar qué no es.

Aunque casi todo el mundo estaría de acuerdo en que la riqueza material por sí misma no puede comprar la felicidad, puede que no sea tan obvio por qué es así. En primer lugar, porque los placeres de las cosas materiales son invariablemente de corta duración. Esto se debe a una saturación del centro del placer, o habituación, que limita el grado en que podemos experimentar placer. Evita que los animales nos volvamos adictos con facilidad. Aunque un "reinicio" del deseo pueda parecer algo bueno -como la posibilidad de disfrutar sin fin de las patatas fritas-, la indulgencia desenfrenada conduce más a menudo a la adicción o al aburrimiento. Esto se debe a que es necesario aumentar la dosis para seguir experimentando placer.

Tomemos el chocolate, por ejemplo, puede que te encante de vez en cuando, pero cómelo para desayunar, comer y cenar y al cabo de un día lo odiarás. Un bolso puede parecer muy atractivo en la estantería de la tienda, pero una vez que es tuyo, no parece tan llamativo como ese otro de la estantería, y al cabo de un tiempo el armario está lleno de bolsos... y de zapatos. Lo mismo ocurre con la casa nueva, el coche nuevo, el barco: una vez que es tuyo, pierde rápidamente su novedad y glamur.

La otra razón por la que el mundo no puede satisfacernos es que es ajeno a nuestra naturaleza. Sólo experimentamos una impresión consciente (el fenómeno) de las cosas del mundo, no las cosas mismas. Si prestas atención a la experiencia sensorial, te darás cuenta de que nunca puedes alcanzarla del todo. Siempre está un poco lejos. Nunca puedes experimentar el mundo verdadera y directamente. Pruebas el helado de chocolate, pero la percepción es siempre fugaz, nunca totalmente real, así que sigues lamiéndolo hasta que se acaba, sin sentirte nunca realmente satisfecho, sino sólo saciado. Las cosas del mundo sólo pueden producir una breve sensación de placer, pero no de felicidad.

Las relaciones son más satisfactorias e interesantes que las cosas materiales, sobre todo porque son más variadas. Durante la interacción íntima, las mentes resuenan unas con otras en una retroalimentación mutua de reconocimiento, lo que hace que la interacción social sea fascinante: una especie de fusión de mentes. Los científicos han descubierto que el aumento de los niveles de oxitocina, una hormona liberada por la glándula peneana del cerebro está asociado a las relaciones felices y a la creación de vínculos sociales. Cuanto más íntimas se vuelven dos personas, más fuertes son los lazos psicológicos que se desarrollan y más satisfactoria es la interacción.

Por desgracia, como ya se ha comentado, las relaciones son complicadas y frustrantes, y los niveles de oxitocina no se mantienen altos indefinidamente. Como resultado, aunque la vida es más interesante y dramática cuando se comparte con una persona importante, no se puede confiar en ella como fuente estable de felicidad.

El éxito profesional y los logros personales pueden ser una gran fuente de autorrealización y satisfacción, pero también precarios. Al igual que las cosas materiales, al cabo de un tiempo nuestros logros e intereses también pierden su brillo. A menudo la persecución resulta más emocionante que la recompensa, y muchos se desilusionan tras alcanzar un éxito largamente buscado.

Una carrera de éxito puede ser un gran estímulo para el ego, pero conlleva el sacrificio del tiempo personal y familiar, la posibilidad siempre latente de perder el empleo y el fin del prestigio con la jubilación.

Aunque las búsquedas intelectuales amplían significativamente la amplitud y profundidad de su personalidad, uno acaba dándose cuenta de que hay más preguntas que respuestas, más incertidumbres que gratificaciones.

Ganarse la vida honradamente y formar una buena familia proporciona una gran satisfacción personal, pero, como cualquier otra relación, está llena de luchas. Más tarde, los niños crecen, los recuerdos se desvanecen y las fotos son un recuerdo agridulce de lo que se ha perdido.

Dado que todas estas formas de satisfacción personal dependen de un mundo en continuo cambio, no pueden sostener ni garantizar una felicidad duradera.

El problema de la felicidad es que no es un "objeto"; no es algo que se encuentre en el mundo. En cuanto empiezo a pensar en qué es lo que me hará feliz, lo estoy planteando en un mundo que es no permanente, insatisfactorio y estresante. Ya sea un objeto, una persona, una idea o una creencia que intento alcanzar desde fuera de mi Conciencia, será algo ajeno a mí y, en última instancia, decepcionante.

Aristóteles concluyó hace unos 2350 años que la vida virtuosa era el medio para alcanzar la felicidad última de la Eudaimonia (que significa la satisfacción de tener un buen espíritu). Las virtudes se referían a la moderación, o el justo medio, y al ejercicio de la integridad, el valor, la honradez y el civismo. Alrededor de la misma época, y al otro lado de un continente, Gautama el Buda enseñaba las Cuatro Nobles Verdades para alcanzar la felicidad última del Nibbana.

Estos hombres brillantes descubrieron que la verdadera felicidad, o satisfacción, sólo puede provenir de tener paz mental. La paz mental procede de la sabiduría que proviene de la práctica de la virtud y la contemplación: de ser una buena persona y de conocer tu mente. La paz de espíritu es la esencia del agua.

II

El agua

El universo personal

Como hemos visto hasta ahora, es más fácil hablar de lo que no somos, que saber lo que somos. Categóricamente, cualquier cosa que existe como un objeto de la conciencia, que no somos. Porque eres una subjetividad absoluta, no puedes hacerte objeto de tu conciencia. No puedes saber lo que eres porque eres el que mira. Esto es de la misma manera que un ojo no puede verse a sí mismo viendo. Y, sin embargo, lo único que puedes saber de verdad es que eres. Sabemos que hay alguien mirando.

Hemos visto que el cuerpo pertenece más a la tierra que a nosotros. Podemos observar nuestros pensamientos y emociones como aparecen y desaparecen de nuestra conciencia, y por lo tanto podemos verificar que no somos estos pensamientos o emociones.

Sabes que eres consciente, pero ¿qué es la conciencia?

La conciencia no puede definirse sin ser circular. Definida habitualmente como "el estado de ser consciente", es como decir que el agua es algo líquido. La razón es que la conciencia no se parece a nada: no está hecha de nada y no hay con qué compararla.

La conciencia se manifiesta en todos los seres vivos como una esencia, como una presencia que desborda el marco físico. Aunque los animales muestran diversos grados de conciencia, sólo los seres humanos se comportan con conciencia de conciencia, con conciencia de auto-existencia.

La conciencia de la conciencia no debe confundirse con la autoconciencia. La autoconciencia es una comprensión racional del Yo como objeto de conciencia. Este es el Yo mundano que creamos a partir de los pensamientos, las emociones y el cuerpo. Más bien, por conciencia de la conciencia, me refiero a la conciencia prereflexiva de mi existencia en el acto de existir. Esta certeza de autoexistencia, esta incomparable forma humana de ser consciente, la designo como Conciencia. La conciencia humana se manifiesta como Conciencia.

Este existir no es algo que exista para mí, como una emoción o un malestar. La conciencia es lo que soy, y es algo de lo que no tengo ninguna duda. La Conciencia humana es al mismo tiempo algo muy obvio y misterioso.

La conciencia humana es lo más obvio porque es donde todo "es". La impresión general es que tenemos una conciencia que reside en el cerebro, que está en el cuerpo, que está en el mundo, pero, siendo realistas, es al revés. El mundo y el cuerpo, tal como los conocemos, existen en la conciencia. Eso es porque todo lo que existe, existe como una experiencia consciente para alguien.

El color rojo que yo veo, por ejemplo, es el resultado de una onda luminosa que afecta a los nervios de la vía visual para producir una configuración neuronal del rojo en mi cerebro. Existe de una manera sólo para mí. En otras palabras, nadie sabe lo que es el rojo fuera de una experiencia consciente individual del rojo: y lo mismo ocurre con todas las demás impresiones sensoriales, que es todo el universo conocido.

Nuestra aprehensión del mundo no es como si miráramos a través de una ventana algo que está fuera de nuestras cabezas, o como si viéramos una película en una pantalla. El universo se reconstruye en el cerebro, y lo aprehendemos como una experiencia consciente. En otras palabras, el mundo, tal y como lo conocemos, está hecho de conciencia. Lo que existe fuera de nuestra conciencia no podemos conocerlo jamás.

Puedes investigar esta realidad, como se ha descrito anteriormente, presionando el párpado de un ojo abierto mientras mantienes el otro cerrado. Que puedas mover la imagen con el dedo sólo es posible porque es un objeto consciente en la mente. La razón por la que manejamos el mundo con eficacia, a pesar de no experimentarlo directamente, es que está reconstruido con gran precisión en el cerebro, y todos tenemos la misma forma de ser conscientes.

La conciencia humana es lo más misterioso. A pesar de todos los esfuerzos, los científicos no pueden encontrar de qué parte del cerebro procede la conciencia. La conciencia no surge de ninguna estructura concreta del cerebro, sino que parece estar en todas partes y en ninguna. Hace funcionar los centros cerebrales (como las áreas del habla, auditiva, visual, motora y la corteza frontal), compensando la deficiencia de uno con el sobre desarrollo de otro.

El cerebro parece ser un instrumento de la conciencia: funciona de forma muy parecida a un ordenador, organizando y filtrando información, y con capacidad de programación. Por ejemplo, los investigadores han podido medir que la retina envía al cerebro unos 10 millones de bits de datos por segundo. Sin embargo, sólo podemos manejar conscientemente unos 60 bits por segundo. Eso significa que todos esos millones de bits han sido organizados por la corteza visual en una estructura global antes de la percepción consciente. Así, al contemplar un cuadro de Jackson Pollock, podemos ver el cuadro completo, aunque el sistema visual esté recibiendo millones de detalles casi a la vez.

Del mismo modo, entrenamos y practicamos una actividad para programar el cerebro para que funcione mucho más rápido de lo que podemos ser conscientes continuamente, como cuando leemos o tocamos el piano. Por lo tanto, el cerebro es como una máquina, y la conciencia, o la consciencia pre-reflexiva (tú), es el operador de la máquina.

Aunque parezca que somos conscientes de muchas cosas a la vez (multitarea), la atención consciente es singular; es decir, sólo podemos atender a una unidad-cosa a la vez. Aunque parezca que podemos ver y escuchar al mismo tiempo, la atención consciente va y viene con tanta rapidez que da la impresión de estar ocurriendo simultáneamente. También es la razón por la que no puedes concentrarte en una parte de una imagen y ser consciente de la totalidad a la vez.

Además, como la conciencia ocupa siempre una perspectiva exterior a una sucesión de cosas, debe ser unitaria e intemporal. De lo contrario, tendría que cambiar con la serie y no podría ser consciente de ella.

Pero, lo que es aún más importante, la conciencia es lo que da a toda esa sensación de ser real, de existir. Es lo que hace que la máquina cobre vida.

Todas las pruebas cosmológicas apuntan a un universo en evolución. Desde el misterioso Big Bang, el universo se ha ido expandiendo y explotando, creando galaxias, estrellas y planetas. Sin embargo, mientras el universo material evoluciona enfriándose (es decir, aumentando la entropía), los seres vivos se mueven en sentido contrario, disminuyendo la entropía al crear una organización y una complejidad cada vez mayores. Todas las formas de vida en la Tierra demuestran un impulso incesante por crecer, florecer y evolucionar, que es imparable. Existen pruebas fehacientes de que los organismos vivos han sobrevivido a 5 extinciones masivas, que han acabado con el 80-95% de las criaturas en cada una de ellas, y que en cada ocasión la vida ha regresado con una diversidad asombrosa.

La teoría de la evolución describe cómo esta energía vital se organiza a través de la interacción con el entorno en el desarrollo de organismos cada vez más complejos. Y, con el aumento de la complejidad, observamos una expresión cada vez mayor de la conciencia. Con los animales superiores y los primates, apreciamos una conciencia más evolucionada evidenciada por comportamientos marcadamente elaborados. Con los humanos, sin embargo, la complejidad neuronal provocó un cambio radical en la conciencia, manifestándose con la autoconciencia y la creatividad. Este cambio transformador de la conciencia permitió una experiencia consciente del mundo a distancia, desde un punto de vista objetivo. Permitió la representación mental de objetos e ideas, haciendo posible el razonamiento y la creatividad.

Algo le ocurrió a un primate prehumano (homo sapiens) hace unos 200.000 años que liberó su conciencia de su cohesión con el mundo. Fue lo que Sartre llama una *nihilización* del mundo desde la conciencia, dejando la conciencia consciente como una Nada en sus secuelas. Esta emancipación de la conciencia fue el nacimiento de la Conciencia individual: el universo personal.

Aunque hay pruebas concluyentes de que el ser humano es un primate, evolucionado a partir de un simio primitivo, la diferencia entre los grandes simios y los humanos es tan grande que desafía el simple linaje. Es como decir que el avión a reacción es descendiente directo de la bicicleta porque ambos tienen ruedas.

De hecho, si consideramos todos los maravillosos logros de la humanidad en ciencia, tecnología, ingeniería y arte, resulta ridículo considerarnos simios inteligentes. Una sinfonía de Beethoven por sí sola es una prueba abrumadora de la naturaleza trascendente del intelecto humano.

Pero ¿es nuestra individualidad sólo una ilusión de la conciencia? ¿Nuestra experiencia de la existencia y de la autoconciencia no es más que otro truco de la evolución? ¿O somos partes de un ser mayor, quizá una conciencia universal que se manifiesta con una ilusión de individualidad? ¿Todo esto de comer y beber, trabajar, aprender, reproducirse, luchar, rezar, llorar y luego morir, todo para nada, no es más que una especie de broma existencial?

¡No! El drama y el sufrimiento de la existencia humana sólo pueden justificarse como un proceso de individuación de seres conscientes, como una personificación de la conciencia.

Aunque en nuestra rutina diaria nos comportemos como si fuéramos una mente en un cuerpo, de pie sobre la tierra, la realidad es al revés. Los cielos, la tierra, el cuerpo, todo lo que hemos inventado y descubierto, y todo lo que se sabe que existe, sólo existen en las mentes individuales. Todo lo que cada uno de nosotros experimenta existe como un universo personal. Como explica minuciosamente el filósofo Emmanuel Kant, no hay nada cuya existencia pueda conocerse fuera de la conciencia individual; no hay forma de conocerlo ni siquiera de pensar en ello.

La importancia de esta intuición es que el centro del universo se desplaza al individuo: cada persona como universo singular.

Ya no me veo desde fuera, como un objeto entre objetos, o un objeto para otros, sino como una subjetividad absoluta en el centro de un universo inquieto. Los demás ya no son sólo personas, sólo población, una raza, un número, sino una multitud de universos individuales. Cada uno con una vida íntima, con miedo a la muerte y merecedor de reconocimiento, respeto, paz y felicidad.

Además, mi universo es ahora mi responsabilidad y mi contingencia. Un universo que puedo enriquecer con amor, bondad, paz e integridad, o contaminar con ira, odio, celos, calumnia y hostilidad. Mi universo se convierte en lo que yo introduzco en él.

Al sentarme con los ojos cerrados y centrar mi atención en la totalidad de mi experiencia, descubro lo siguiente:

Un sonido existe como si estuviera en el mundo, a cierta distancia del centro de mi ser. Mi respiración, las sensaciones de mi cuerpo, de mi piel, las siento un poco más cerca, pero todavía a una ligera distancia de mi punto de vista. Un pensamiento en mi campo de conciencia, mucho más cerca, pero todavía como algo separado que estoy como-mirando. Sin embargo, cuando intento experimentar quién soy, no hay nada. Aquí no tengo extensión en el espacio, ni conciencia de cambiar. No puedo decir si mi conciencia es masculina o femenina, joven o vieja, alta o baja.

Desde este punto de vista, todo lo que refleja mi existir lo encuentro a distancia de mí, como un objeto para mí, y no como lo que soy. El cuerpo, los sentidos, las emociones, las ideas, todo es algo que estoy mirando. Es en este sentido que no hay ningún yo, ninguna persona, o cosa, que sea Yo. No hay ninguna entidad a la que pueda señalar como Yo; todo es No-Yo para mí.

El yo permanente, el único yo inmutable, no puedo describirlo. No existo como nada, porque soy el centro de todas las cosas existentes. YO SOY el centro de mi universo. Y, sin embargo, si hay algo de lo que estoy inequívocamente seguro, como lo más real para mí, es que existo.

Soy Conciencia: una actualidad, una inmediatez, una singularidad y una Nada. Aquí, mi relación con el Mundo es a través de la Nada: como una "nihilación" de todos los seres lejos de mi centralidad en el Ser. En el centro del ser humano, el ser y la Nada se vuelven singulares.

Ser una buena persona

Como mínimo, para ser feliz, para estar contento, para tener paz mental, debes ser una buena persona. Tu universo, sea cual sea la forma en que quieras establecerlo -ya sea que tu fe descanse en Dios, la religión, la evolución o simplemente en ti mismo-, es intrínsecamente moral.

El estudio del comportamiento ético con sus implicaciones sociales y jurídicas ha llenado volúmenes y preocupado a las mejores mentes filosóficas. Sin embargo, técnicamente todo se reduce a un simple principio: "haz a los demás lo que quieras que te hagan a ti". Esta Regla de Oro se dicta entendiendo lo que está bien y lo que está mal. Incrustado en este principio moral está el mandato ético de respetar la dignidad y los derechos humanos inherentes a los demás: el derecho a la vida, a la libertad y a la búsqueda de la felicidad.

Hacemos juicios morales de acuerdo con valores y creencias que hemos adquirido de nuestra ascendencia y cultura, de nuestra educación formal e informal y de nuestra buena y mala fortuna. En también tomamos decisiones éticas con respecto a las leyes establecidas de la sociedad en la que vivimos.

Para la mayoría de nosotros, sin embargo, nuestras decisiones morales son reactivas y están pre-condicionadas por nuestras experiencias pasadas, emociones y una situación presente concreta. Rara vez se emiten juicios tras una cuidadosa reflexión sobre principios morales inquebrantables. Por ejemplo, alguien puede ser amable y servicial con sus compañeros de trabajo, pero abusivo con su familia, o viceversa.

Lo que consideramos bueno o beneficioso de nuestras acciones está condicionado por lo que es socioculturalmente reprobable o aceptable y por nuestro grado de egoísmo. El ordenamiento jurídico se basa en normas que ayudan a las personas a tener una buena relación entre sí dentro de unas normas definidas culturalmente. En consecuencia, solemos hacer valoraciones morales y mantener normas éticas preocupándonos por las consecuencias sociales de nuestro comportamiento. Incluso el sentimiento de culpa que sentimos por infringir la Regla de Oro se debe sobre todo al miedo al reproche de un Otro interiorizado.

Sin embargo, podría darse una situación en la que una transgresión moral y su daño fueran desconocidos e intrascendentes para la víctima. Por ejemplo, una persona mayor entrega un billete de lotería al empleado de una gasolinera para que lo escanee, y el empleado lo confunde con otro billete que hay en el mostrador y que escanea sin ningún valor. Cuando el cliente se marcha, el empleado se da cuenta de su error y escanea el billete, que resulta tener una ganancia de 1.000 dólares. Al mirar por la ventanilla, ve al cliente repostando gasolina en su Mercedes y recuerda que su alquiler está vencido. Ahora, el empleado puede quedarse con las ganancias sin que el cliente sepa que le ha perjudicado. Es posible que el empleado no se sienta culpable por quedarse con las ganancias, ya que lo hizo sin mala intención y el cliente no es consciente de ser una víctima. Aunque puede resultar obvio que el empleado está robando, pocos se darían cuenta de que la verdadera víctima en esta situación es el empleado.

Infringir la Regla de Oro provoca algo más que un remordimiento del que uno puede distanciarse o al que voluntariamente no afecta. Esto se debe a que, como hemos descubierto antes, toda acción es en efecto una proyección de un estado interno. Esto significa que nos convertimos en lo que deseamos o hacemos en los demás.

Habíamos llamado a esto la Regla Roja de la Moral: "hazte a ti mismo lo que haces a los demás". Es la inobservancia de la Regla Roja, lo que poco a poco y día a día, condiciona lo que será tu estado último de infelicidad: tu contingencia de sal.

No sólo las transgresiones morales mayores, como el asesinato o el abuso, generan estados mentales nocivos, sino que incluso las aparentemente inofensivas pueden causar con el tiempo condiciones psicológicas perjudiciales. Incluso actos menores de mala voluntad, como la envidia o el chismorreo, o un desprecio de los ojos -o incluso el pensamiento de ello- embotarán y mancharán hasta cierto punto la integridad y la dignidad del Ser.

Este principio psicológico de causa y efecto es la fuente del verdadero funcionamiento del Karma (Kamma en pali). Se transmite en el profundo Sutta del Origen Dependiente (Paticca-Samuppada Sutta) del budismo. Lo que impulsa la interdependencia es el aferramiento mental a los objetos de la conciencia (pensamientos y emociones) en el deseo del mundo. La Nada mueve a la mente a convertirse en las ideas que trae a la conciencia. Entonces, un devenir lleva a otro en una cadena interminable de condiciones, forjando estrés y sufrimiento a lo largo del camino. Así, sin prestar atención, creamos nuestro cielo y nuestro infierno en nuestras mentes, aquí en la Tierra.

Nuestra disposición moral depende del Yo que sostenemos y nos esforzamos por proteger. En un extremo del espectro moral se encuentra el individuo egocéntrico cuya identificación absoluta con el Yo oscurece cualquier comprensión o interés por los demás. Este es el matón, el estafador, el tirano, el abusador, el asesino en serie. Al no tener interés ni sensibilidad por la Mirada del Otro, esta persona no experimenta ninguna culpa; los Otros existen sólo como objeto. La persona egoísta ve el mundo a través de las exigencias del Yo, los demás son meros instrumentos. Estas personas trágicas, ajenas a las repercusiones personales de sus acciones, traman inadvertidamente su propia miseria y perdición.

En el otro extremo del espectro moral se encuentra el santo, como aquel que ha alcanzado la perfección moral y actúa simplemente en beneficio y por el bienestar de los demás. Esta persona ha trascendido toda referencia a un Yo como fuente de motivación: el ego sólo existe como una convención transparente. Esta persona es su propio fin, no tiene nada que ganar o perder del Mundo o de los demás. Su felicidad emana del mero hecho de existir. El santo se comporta con total libertad, confianza e integridad; con una amabilidad que surge de la integridad más que del sentimentalismo; con un comportamiento que se distingue por una transparencia y una autenticidad impecables.

La mayoría de nosotros nos encontramos entre estos extremos, tropezando entre las intenciones autodirigidas y la simpatía sentimental, motivados más por las emociones que por los ideales. Aunque las religiones suelen insistir en la importancia de la bondad, el respeto, el perdón y la caridad para el crecimiento espiritual y personal, en gran medida se dan como consejos y no como imperativos.

Si somos conscientes de nuestros pensamientos y emociones, y observamos las consecuencias de nuestras acciones, podremos determinar el curso de acción correcto y evitar daños involuntarios a nosotros mismos y a los demás.

Este es un verdadero imperativo: que debes ser bueno con los demás como condición para tu propia felicidad y paz mental.

Debido a la naturaleza autoconsciente de nuestras interacciones, siempre estamos obligados a reaccionar de algún modo al encuentro con otra persona, donde incluso la ausencia de reacción sigue siendo una reacción. En el encuentro de dos mentes, siempre hay un reconocimiento, siempre hay una comunicación con el otro y siempre hay una consecuencia psicológica para el otro. Sabemos lo que se siente cuando nos saludan con una sonrisa y palabras amables. Nos anima el ánimo, y estamos predispuestos a hacer lo mismo con los demás más adelante. También sabemos cómo el desdén o la frialdad de alguien puede desconcertarnos y provocarnos una reacción similar, o desalentar nuestra amabilidad, hacia los demás.

Las alternativas para reaccionar ante una situación, independientemente de cualquier factor pre-condicionante, se vuelven rápidamente discernibles para la mente. Sin embargo, la mayoría de nosotros reaccionamos de forma refleja, emocional o irreflexiva. Como el fumador que piensa que "de algo hay que morir", rara vez nos preocupamos por las graves e insondables consecuencias que nuestros actos tienen sobre nuestro Ser y sobre los demás. Cómo cada acto irreflexivo o dañino contribuye a la apatía, el odio, los prejuicios y los abusos colectivos de la sociedad en general. Por el contrario, si tenemos en cuenta nuestras reacciones, prefiriendo siempre ser amables, considerados y comprensivos con los demás contribuiremos al bienestar y la felicidad de los demás, de nosotros mismos y de la sociedad en general.

Causar sufrimiento no es per se malsano, y a veces es una obligación moral. Por ejemplo, un padre causará angustia a un hijo cuando lo castigue adecuadamente para evitar daños futuros y un sufrimiento mayor. También causamos sufrimiento con los procedimientos médicos y la aplicación de normas y leyes, y las consecuencias de evitarlos serían desastrosas. Como ya hemos dicho, el sufrimiento forma parte de nuestra condición humana y es necesario para nuestro sano desarrollo. Una buena persona, por tanto, actúa con una comprensión clara de lo que es necesario y beneficioso, y evita el daño innecesario.

Todos compartimos una comprensión intuitiva de los sentimientos, emociones, miedos, sufrimientos y alegrías de los demás porque todos compartimos la misma forma de ser conscientes y porque crecemos con los demás. A pesar de las diferencias culturales y las distintas experiencias vitales, todos los seres racionales aprecian el deseo de libertad, respeto y felicidad de los demás. Esto es lo que informa nuestros juicios morales: que sabemos cómo sufren los demás.

No te conviertes en una persona virtuosa simplemente absteniéndote de hacer daño, ya que entonces no estás añadiendo sal, sino agua tampoco. Como aprendemos de los santos, es ayudando y siendo amable con los demás como te ayudas a ti mismo: añadiendo agua.

En efecto, convertirse en una buena persona coincide con la liberación del Yo, al ser no egoísta. El miedo a herir al Yo, a nuestro cuerpo físico o ego, impulsa la mayoría de nuestras agresiones y mala voluntad. Cuando te das cuenta de que no hay un Yo real que proteger, te vuelves intrépido, intrépida. Sin el Yo, te vuelves transparente. No hay ningún lugar donde puedan caer los insultos o donde puedan crecer las ansias. La esencia de la Conciencia humana pura es benevolente: es santa.

El Buda expresó la importancia de esta comprensión en su Metta Sutta:

> Esto es lo que debería hacerse
> Por alguien experto en bondad,
> Y que conozca el camino de la paz: Que sean capaces y rectos,
> Directo y suave al hablar,
> Humilde y no engreído,
> Contento y fácilmente satisfecho,
> Libres de obligaciones y frugales en sus costumbres.
> Pacífica y tranquila, sabia y hábil,
> De naturaleza no orgullosa ni exigente.
> Que no hagan lo más mínimo
> Que los sabios reprenderían más tarde.
> Deseando: En alegría y en seguridad,
> Que todos los seres estén tranquilos...
> Que nadie engañe a otro,
> O despreciar a cualquier ser en cualquier estado.
> Que nadie por ira o mala voluntad
> Desear el mal a otro.
> Incluso cuando una madre protege con su vida
> Su hijo, su único hijo,
> Así que con un corazón sin límites
> Hay que apreciar a todos los seres vivos;
> Irradiando bondad sobre el mundo entero...
> Libres de odio y mala voluntad
> (Amaravati 2013)

Al no causar daño a los demás, evitamos añadir sal a nuestra tienda; al ser amables y serviciales, añadimos más agua. Cada encuentro con otra persona crea una situación en la que habrá que adoptar una actitud y tomar una decisión sobre cómo interactuar. Desde esta perspectiva, parecería más propicio para la tranquilidad vivir solo. Pero entonces, al evitar el sufrimiento, también se evitaría gran parte del crecimiento personal. La interacción con los demás revela nuestras carencias morales más profundas, nuestras heridas emocionales ocultas, nuestros prejuicios reprimidos y nuestros mayores temores.

Cuando tenemos pensamientos sanos en la mente y actuamos con amabilidad hacia los demás, esto produce inmediatamente placer y felicidad. Si nos hacemos daño a nosotros mismos y a los demás, nuestra mente se sentirá inmediatamente incómoda e infeliz.

Cualquier preocupación por tu papel en una situación hiriente debe corregirse lo mejor y lo antes posible. Después, debes comprometerte sinceramente a evitar nuevas transgresiones. Cualquier intento de racionalización, negación o supresión sólo conseguirá añadir más sal al Yo herido.

La salud moral de nuestro universo personal depende en última instancia de nuestro apego al Mundo como Ser. Toda la infelicidad, todas las acciones dañinas, todo el mal, todos los pecados son el resultado de aferrarse al Ser en la ignorancia de lo que trae la verdadera felicidad. Cuando somos egoístas o codiciosos, estamos reaccionando a una sensación de carencia, a la inseguridad, al miedo a la pérdida. Cuando nos mostramos celosos, enfadados, hirientes o prejuiciosos, estamos reaccionando con agresividad por miedo a herir a nuestro Ser. Cuanto más nos aferramos a un Mundo Egoísta, más temerosos nos volvemos, más hirientes nos volvemos. Cuanto más daño nos causemos a nosotros mismos y a los demás, mayor será el sufrimiento que tendremos que soportar. No hay villanos felices.

Cuando aceptamos a los demás, aprendemos a aceptar nuestras propias imperfecciones. Cuando somos amables con los demás, aumentamos nuestra propia paz y satisfacción. Con cada "buenos días", cada sonrisa, cada palabra de aliento, cada palabra de elogio, cada gesto de buena voluntad aparentemente sin importancia, regamos las semillas de la bondad en los corazones de los demás.

Cuando enseñamos a nuestros hijos a ser tolerantes, respetuosos, serviciales y amables con los demás, plantamos en sus corazones semillas de amor que durarán toda la vida. Cuando respondemos a las agresiones con comprensión, justicia y serenidad, curamos nuestras viejas heridas y contribuimos a la felicidad y la paz del mundo.

Verdaderamente, si la existencia humana tiene algún sentido, debe descansar en un universo moral, en ser una buena persona.

Estar con los demás

Estar con los demás nunca es fácil. Pero es mucho más difícil si ambos trabajan desde la ignorancia. Es imposible que dos personas se lleven bien si ambos vasos están llenos de agua salada.

Por lo tanto, el problema con los demás empieza en mí. Si creo que soy una persona concreta, un Yo, entonces me veo presionado a proteger este Yo de las amenazas de los demás. El Yo siempre es vulnerable. En primer lugar, como nunca estoy seguro de quién es el Yo que estoy protegiendo, nunca puedo controlarlo bien porque no puedo crear un objeto permanente de Mí. Segundo, porque la única perspectiva objetiva que puedo tener de mi Yo proviene de los Otros.

Si te valoras como empresario de éxito, entonces tu autoestima descansa en la aprobación y las opiniones de tus clientes o compañeros de trabajo. Si te defines como escritor, entonces eres tan bueno como las ventas de tus libros. Una madre y un padre son vulnerables a la relación con sus hijos. Desde la perspectiva del Ser, tu felicidad o tristeza dependerá de lo que te den los demás.

Si, por otro lado, puedes liberarte del Mundo como algo que no eres, como algo que no es tu verdadero Yo, entonces puedes alcanzar la libertad de los demás. Cuando te liberas de la dependencia del Yo, entonces no hay nada que proteger, ni nada que arriesgar. Te vuelves transparente a las opiniones de los demás.

Sin embargo, los Otros pueden ser difíciles. Los Otros mundanos no sólo son un misterio para mí, sino también para ellos mismos. En el Otro, como explica Sartre, percibimos una subjetividad que intenta ser un objeto para sí misma. El Otro busca reconocimiento y aprobación como objeto-para-sí, pero al mismo tiempo teme desintegrarse como sujeto-para-sí.

Como Otro responsable de otra persona, debemos reflejar lo que es más beneficioso: aceptación, comprensión, amabilidad, aprobación o desaprobación. Esto con la clara comprensión de que una persona que no está afectada por su Yo estaría en paz y no sería hiriente. Para Aquel que ha trascendido su propio Ser, las agresiones de los demás son transpersonales, y como resultado, soportables y manejables a pesar de ser desagradables. Es en este contexto donde podemos soportar el dolor y "poner la otra mejilla".

Cuando el Otro es un familiar o un amigo íntimo, la agresión, la indiferencia, el rechazo, provocarán emociones y empatía más fuertes. No podemos asumir, por mucho que quisiéramos, las consecuencias y desgracias de las decisiones y acciones equivocadas que otros se han forjado. No se puede hacer mucho para aliviar el sufrimiento físico o mental de los demás. Llegados a cierto punto, debemos ejercer la compostura, la ecuanimidad, comprendiendo que cada uno de nosotros tiene un camino personal de autorrealización que recorrer. En última instancia, como hemos visto, el sufrimiento es decisivo para nuestra formación y maduración.

La comprensión de que los comportamientos perjudiciales de los demás proceden del miedo, provocado por su apego al Yo (ego), y de que cada uno de nosotros tiene un camino único hacia la autorrealización, abre el camino a una paz mental que permite el verdadero perdón. El perdón ayuda al Otro tanto como disuelve nuestras propias faltas.

Descubrimos la Libertad absoluta de la Conciencia, pero esta libertad es un atributo de una conciencia incondicionada. No debe tomarse como un desprecio de las convenciones y responsabilidades sociales. El comportamiento hedonista o inmoral, por el contrario, nos confina, ya que refuerza el apego a un Yo corrupto y no gobernado, que se volverá cada vez más defectuoso. La Libertad

Existencial nos libera de la identificación con cualquier modo de comportamiento o deseo de algo o alguien. Como resultado, somos libres de aceptar la conformidad, ya que no hay nada que demostrar. No podemos eludir las responsabilidades morales de cuidar de nosotros mismos y de los demás si queremos la verdadera libertad.

Cuidar de nosotros mismos y de los demás exige respeto y prudencia con tu cuerpo y el de los demás. Aunque el cuerpo no es el yo, no es nuestra verdadera esencia, no deja de ser nuestro medio de convertirnos en individuos, de existir en el tiempo y de relacionarnos con los demás. Por lo tanto, debemos comer sano, hacer ejercicio regularmente, practicar una buena higiene y ayudar a los demás a hacer lo mismo, especialmente a nuestros hijos.

Al practicar la modestia con nosotros mismos y con los demás, trascendemos nuestra naturaleza animal hacia la dignidad humana. Provocar nuestros instintos animales sirve, en cambio, para degradar nuestra humanidad

A menudo, la moderación se hace difícil debido a la poderosa influencia que el instinto sexual ejerce sobre nuestra psique. Así que, para alcanzar un equilibrio, para entrenarse en la moderación, los budistas aplican una técnica llamada Asubha, que consiste en dirigir la atención hacia los aspectos poco atractivos del cuerpo. Implica ser consciente de todas las cualidades naturales del cuerpo que tanto nos esforzamos por suprimir, disimular y decorar, como los olores, las secreciones y los fluidos, y las funciones del tracto intestinal.

Incluso las cualidades bellas del cuerpo no son tan agradables desde una perspectiva distinta. Por ejemplo, puede que te encante tu pelo, pero puede resultarte repulsivo encontrarlo hasta en la sopa. O mire durante un minuto la foto de una cara bonita al revés y verá lo poco atractivos que parecen ahora los mismos rasgos faciales.

Asubha es un método para desarrollar el control del deseo por el cuerpo, no para generar asco hacia él. Siendo realistas, el cuerpo no es ni bello ni feo, son sólo valores culturales y psicológicos que proyectamos sobre él. Nos proyectamos mucho unos a otros, y eso condiciona drásticamente nuestra producción de sal.

A veces nos frustramos cuando somos amables con los demás, cuando ayudamos a otras personas, pero a cambio recibimos desprecio, envidia o explotación. A veces vemos que otros se benefician económicamente de sus abusos y mentiras, mientras nosotros luchamos por ganarnos la vida honradamente. Mientras trabajamos para hacer el bien, para añadir agua a nuestro vaso, otros echan sal en el suyo y parecen no verse afectados por ello, o incluso más felices. Por eso te preguntarás por qué, si el universo es intrínsecamente moral, a los buenos les ocurren cosas malas y a los malvados cosas buenas.

Todo tiene que ver con la Libertad. Si nuestras mentes no fueran libres, no seríamos capaces del mal, pero entonces no seríamos conscientes de nosotros mismos. Nuestro comportamiento se limitaría a las necesidades biológicas. En se explica por qué los animales no asesinan. Pero somos libres del Mundo, y por lo tanto libres de hacer cualquier cosa

Dado que no existen límites naturales a las motivaciones y comportamientos internos de los seres humanos, necesitamos leyes y castigos como elementos disuasorios. Y a pesar de ello, hay muchos que las transgreden, causando daños irremediables a las personas. El conocimiento del bien y del mal es lo que nos hace capaces de pecar. Es el precio que pagamos por nuestra autoconciencia y libre albedrío.

Y sí. Las cosas buenas siempre llegan a las personas buenas, y el sufrimiento siempre llega a los malvados, pero no de la manera que la mayoría de la gente considera justicia. Más bien, la felicidad proviene de la paz mental y la satisfacción de una buena conciencia, que es imposible para el malhechor.

El Otro es siempre un misterio. A veces conocemos a personas que parecen malvadas por naturaleza, excesivamente crueles e insensibles, y luego descubrimos la trágica educación que tuvieron que soportar. Pero incluso nuestros Otros más cercanos -cónyuge, padres, hijos, hermanos- nos sorprenden con reacciones, elecciones y comportamientos inesperados. En última instancia, lo mejor es comprender que cada uno de nosotros tiene un camino personal hacia la autorrealización. En lugar de condenar, deberíamos sentir compasión por el sufrimiento que alguien tendrá que soportar como consecuencia de actos inadecuados y desgracias. Cada uno de nosotros tiene la obligación de aprender de sus errores o seguir sufriendo hasta que lo haga: ésa es la Regla Roja.

Cada uno de nosotros tiene un mandato ético hacia los Otros que entran en nuestro universo: que llegan a nuestras vidas. La respuesta recíproca en ese encuentro afectará al bienestar de unos y otros. La sonrisa que demos, la atención que prestemos y el respeto que mostremos serán un toque sanador que inspirará a otros a hacer lo mismo más adelante. Es imposible determinar qué reverberaciones positivas podemos haber lanzado con una sola palabra o acto de amabilidad, o cómo podemos haber precipitado inadvertidamente alguna tragedia con nuestra indiferencia o animosidad.

Nuestra respuesta sana a los demás es a través del amor. Pero ¿qué es el amor?

Amor es una palabra que utilizamos en innumerables ocasiones para referirnos a numerosas cosas y, sin embargo, todos entendemos exactamente lo que queremos decir. El amor se utiliza a menudo para indicar que algo nos gusta mucho, normalmente para nuestro propio placer egoísta, o que sentimos deseo por algo sin tener intimidad, como en "me encanta tocar el piano" o "me encanta Nueva York". Sin embargo, no debemos amar a nuestro cónyuge del mismo modo que amamos la pizza o el perfume.

Hacemos el amor y nos enamoramos, que deberían significar dos cosas distintas. El amor que sentimos por nuestros hijos no es el mismo que declaramos por un cónyuge, ni el que profesamos en la religión. Pero lo que encuentro en común con la mayoría de los tipos de "amores" es que todos se relacionan con un Yo: todos de un modo u otro tienen que ver con necesidades.

Gran parte de nuestra música, películas y programas de televisión tratan sobre el drama y la excitación del amor sexual o romántico. Como hemos discutido, la atracción y el impulso sexuales son fuerzas de la naturaleza que nos afectan a través del cuerpo. Todo tiene que ver conmigo como cuerpo, como el placer que recibo en la transmisión de mis genes. Como intención, es totalmente egoísta. Para la mayoría de la gente, el amor es sólo otra palabra para el deseo

El verdadero amor, sin embargo, consiste en considerar a otra persona como un individuo importante y significativo. En una relación íntima, el verdadero amor es mutuo.

En una auténtica relación amorosa, el significado del sexo se transforma radicalmente. Se convierte en la forma más perfecta de intimar, lo más cerca que una persona puede estar de otra. Se vuelve maravillosamente espiritual cuando el placer que das se devuelve con la misma intención. A través del cuerpo, podemos expresar nuestra más profunda devoción y cuidado mutuo.

Los animales no tienen intimidad sexual. Son tan ingenuos en el apareamiento como en la agresión: todo es instinto. Una relación amorosa, basada en el respeto mutuo, la confianza, el afecto profundo y la pasión desinteresada, trasciende por completo el Yo. Está enraizada en la naturaleza divina de la humanidad y alcanza la auténtica intimidad.

Ágape es una palabra originaria de la antigua Grecia que significa querer y apreciar a los seres por sí mismos. En la tradición grecocristiana se utilizaba para expresar el amor de Dios por la humanidad. Es un amor sin autorreferencia, sin condiciones. El budismo denomina Brahma-viharas (o atributos divinos) a esta manifestación del amor desinteresado. Consta de cuatro cualidades: bondad amorosa, compasión, alegría comprensiva y ecuanimidad.

El ágape surge de una profunda comprensión de la humanidad y de la condición humana. Es un discernimiento de la lucha individual por la felicidad y la autorrealización en un mundo marcado por la oscuridad y el sufrimiento, y por ello digno de compasión y perdón.

Desarrollamos Ágape a través de la atención plena. Cuando te encuentras con alguien, puedes prestar mucha atención a tus pensamientos y emociones, y a tus reacciones. Dependiendo de tu experiencia vital, el encuentro con otra persona puede desencadenar una variedad de percepciones, recuerdos y emociones que empañan tus juicios y condicionan tus intenciones y acciones. Con una atención cuidadosa, puedes observar estos prejuicios como desde la distancia y mantener el control. Así, estarás capacitado para responder con aceptación y amabilidad.

Si has añadido mucha sal a tu vaso, no hay forma de eliminarla, pero puedes mejorar tu situación añadiendo mucha agua. La forma más inmediata y eficaz de hacerlo es siendo amable y servicial con los demás.

Ágape es compasivo, pero no sentimental, movido por la benevolencia, no por las emociones. Es desinteresado, no espera nada al ayudar o ser amable con los demás

Estar con los demás

El universo que importa, a pesar de las acciones de los demás, es tu universo personal. Tú sacas la sal o el agua que llena tu vaso, y eso determinará tu estado de felicidad. Al final, el agua que recibes es igual al agua que das

No-yo

Con las palabras "la existencia precede a la esencia", Sartre expuso sucintamente nuestro predicamento. Se trata de la aleccionadora y aterradora constatación de que no somos nada: que en realidad no somos nada. Primero existimos y luego somos libres de hacer de nosotros lo que queramos. No somos por naturaleza ni buenos ni malos, sin esencia original, sino autores de nuestros valores y creadores de nuestro Yo.

Si observas tu mente con atención y buscas tu Yo, encontrarás, como hizo el filósofo David Hume (1711, 1776), sólo una sucesión de pensamientos, sentimientos, emociones y recuerdos, pero nada que puedas señalar como tú mismo. Y, sin embargo, ¿quién es el que busca?

Nuestra búsqueda de la felicidad es en realidad una búsqueda de nuestro verdadero yo. Nos sentimos inspirados para convertirnos en abogados, músicos, empresarios, políticos, médicos, cónyuges o padres por una falta esencial de identidad, un vacío, que subyace en nuestro ser más íntimo. Tenemos una comprensión intuitiva de nuestra infelicidad existencial, como una angustia sutil, que intentamos mitigar captando el mundo como el Ser. Anhelamos encontrar algo en el mundo que nos complete por completo, que nos dé paz y satisfacción.

Nuestra investigación sobre nuestra identidad ya nos ha llevado a cuestionar nuestro cuerpo, el mundo, nuestros logros, nuestros pensamientos y emociones, y nos vemos obligados a concluir que no somos nada de eso. Algunos proclaman, como resultado, que el Ser es una ilusión, y que más allá de esta fabricación no hay nada, ninguna existencia individual. Pero ¿cómo puede una ilusión determinar que es una ilusión? Tendría que haber otro Yo que se viera a sí mismo como una ilusión en oposición a algo real. La proposición "soy una ilusión" es contradictoria, ya que "soy" es una afirmación de existencia. Es como decir "yo no existo".

Por lo tanto, debe existir aquello que conoce al Ser como una ilusión. Pero entonces, ¿cómo podemos saber quién es eso, puesto que todo lo que puedo experimentar no es lo que soy?

Para Sartre, la conciencia humana es una negación: la aniquilación del mundo. Esta conciencia sólo existe en relación con el mundo, dice, como un viento que se revela por los árboles, afirma:

De repente la conciencia se purifica, es clara como un viento fuerte. No hay en ella más que un movimiento de huida de sí misma, un deslizamiento más allá de sí misma. . . Precisamente este ser-más-allá-de-sí, esta huida absoluta, este re-

chazo a ser una sustancia es lo que la hace ser una conciencia. (El ser y la nada)

Así, descubrimos al que busca, al que ya no es el Yo ilusorio, sino que ahora se nos ha revelado como una Nada, un vacío. Puesto que nada viene de la nada, Sartre nos ha dejado la tarea de inventarnos a nosotros mismos, de crear nuestro sentido a partir de la nada.

Pero ¿es valioso un valor inventado? ¿Podemos ser auténticamente algo que pretendemos ser? Sartre no lo creía, y más aún, pensaba que todos nuestros intentos de autenticidad desembocarían en lo que él llamaba Mala Fe.

El filósofo Martin Heidegger (n.1889, m.1976) reveló a la humanidad (Dasein) como el ser que tiene una comprensión preontológica (o intuitiva) de su propia existencia, y como Aquel que es la fuente de todos los seres. Con el Dasein, descubrimos que nuestra Nada es al mismo tiempo un Ser-ahí (el significado de Dasein, en alemán). Sin embargo, como expresó Heidegger, el Dasein es un ser en el tiempo, y permanece como un viento, como una nada que se mueve a través de la existencia. Ante la muerte, la existencia es siempre un problema para el Dasein.

Y así, como parece, todos nuestros proyectos están condenados al fracaso, porque somos como extraños en un mundo ajeno. Estamos arrojados, como dice Sartre, a un mundo que no es obra nuestra, obligados a hacernos a nosotros mismos de la nada. Miremos donde miremos, todo parece sólido excepto nuestro propio ser. Nuestra conciencia es un vacío. Nada de lo que vemos nos pertenece, y todo niega nuestra propia existencia.

Pero quizá estemos mirando en la dirección equivocada

Si seguimos intentando descubrir nuestra verdadera esencia mediante el razonamiento, mediante nuestros sentidos y nuestros proyectos, es decir, mediante todo lo que no es de nuestra verdadera naturaleza, entonces no deberíamos sorprendernos de encontrar sólo una negación de nuestro ser. Tenemos que empezar por lo que nunca cambia para nosotros: nuestro punto de vista.

Si te preguntara: "¿cómo sabes que existes?", te quedarías sin palabras. Primero, porque es absolutamente la pregunta más obvia; y segundo, ¡porque no hay manera de demostrarlo! Si respondes: "Pienso, luego existo", el "yo soy", la existencia, viene primero a revelar el pensamiento. Es más bien: "Soy; luego pienso". La única respuesta razonable a la pregunta sería tautológica: "Sé que existo, porque existo".

No ser uno mismo

Lo más evidente es que existo, sea lo que sea.

La conciencia tiene una "cualidad", una distinción, un poder, una presencia, y es lo que da presencia a todo. Las palabras sólo pueden apuntar a esta realidad, ya que no puedes experimentarte a ti mismo como un objeto. Sin embargo, todo lo que conoces apunta al origen de ese conocimiento: a la Consciencia.

Una forma más directa de llegar a esta realidad es a través de la meditación.

Si te sientas en un lugar tranquilo, con los ojos cerrados, y empiezas a buscarte a ti mismo, eliminando todo lo que puedas experimentar como objeto de conocimiento, llegarás a la Conciencia pura. Cuando todas las sensaciones corporales, emociones, recuerdos y pensamientos ceden, llegas a un simple estado de simplemente existir. De hecho, esta sensación de existir está presente para ti en todas partes, todo el tiempo, porque es el fundamento de la realidad. Tu Consciencia es lo que da existencia a todo

La experiencia de la Conciencia no es como una transparencia que cubre la realidad. Es una actualidad inmensamente poderosa que trae todo a la existencia, dándole a toda la cualidad de ser real. Es difícil de identificar porque estamos distraídos por el mundo de las cosas. Sin embargo, es donde está todo.

La conciencia es también una Libertad absoluta porque no depende de nada. Pero como hemos visto, esta Libertad es para la mayoría de la gente sólo en potencia. Si hay apego a una idea del Ser e identificación con los objetos de la experiencia, habrá esclavitud. Entonces la Conciencia se convierte en el Mundo, la Conciencia se convierte en el Ser.

Cuando nos damos cuenta de nuestra independencia del Mundo, nos centramos en simplemente existir: estamos completos, en paz e inmutables.

Aunque hay muchos caminos por la montaña de la Libertad, la única cumbre es el No-Yo. Debe haber un desprendimiento de la dependencia del Mundo como medio de trascendencia a la Conciencia Pura. Este ha sido el descubrimiento y el fundamento de todas las tradiciones religiosas y espirituales sanas. Es la Noche Oscura del Alma, el Reino de Dios, la No-mente, el Tao.

La verdadera autenticidad es posible gracias a la libertad que proporciona la liberación del yo. Históricamente, la autenticidad se ha entendido como ser "fiel a uno mismo" y, normalmente, en oposición a la autoridad. La idea se remonta a la Edad de la Razón (desde el siglo XIV hasta el XVII). Desde entonces, su énfasis en la autorrealización y la autoexpresión ha influido mucho en todas las facetas de la cultura occidental hasta la actualidad. Ser auténtico

No ser uno mismo

ha significado ser tu yo, como alguien que se mueve por la personalidad y la pasión más que por los valores y opiniones de los demás o las normas de la sociedad. Vemos, por ejemplo, la dramática transformación de las sinfonías formales de Hayden a las composiciones tumultuosas y autobiográficas de Beethoven, o del arte melodramático representacional de la época barroca a las pinturas extremadamente apasionadas de Vincent Van Gogh.

Sin embargo, como ya hemos aprendido, no existe un Yo real o verdadero, sino sólo una construcción del Yo, forjada a partir de ideas y emociones, sin sustancia real. Descubrimos que el Yo es volátil, siempre cambiante e irreductible a una esencia. Por lo tanto, cualquier actitud que provenga del Yo, que se presente como cualquier tipo de carácter o personalidad, será una convención, un artificio y una irrealidad. Y lo que es más importante, es una condición que eclipsa nuestra verdadera libertad. En otras palabras, no nos volvemos auténticos tratando de serlo.

La auténtica felicidad surge naturalmente de la trascendencia del Ser. Entonces nuestra satisfacción no se debe a algo que deseamos, o algo en lo que creemos, o alguien en quien debemos convertirnos, sino que surge de la espontaneidad de la Conciencia pura. Esta autenticidad pre-reflexiva es una claridad, una simplicidad y una franqueza del ser, que sólo está coloreada por un estilo individual aprendido de comunicación.

Es una persona fácil de llevar, que acepta, confía, accesible, sin prejuicios, espontánea. Al no tener una identidad propia que proteger, todas las afrentas y halagos pasan de largo, no tienen dónde aterrizar.

Nuestra cultura mediática nos hace creer que hay que tener una personalidad llamativa para ser "alguien". Actores de televisión, estrellas de cine, deportistas, músicos y muchas otras celebridades de los medios de comunicación intentan atraer nuestra atención con su carisma. Es lo que les hace seguir siendo populares y obtener beneficios -lo cual es estupendo para ellos-, pero exagera la importancia de la "personalidad", de ser alguien especial, de ser un Yo especial.

La verdad es que las estrellas de los medios de comunicación actúan, actúan siendo espectaculares, glamurosas, fascinantes. Todo es un espectáculo, como a menudo revelan sus vidas personales. Un día alguien es camarero, al día siguiente, tras ser "descubierto", es una superestrella, y todo el mundo quiere un trozo de su vestuario y su psique. La emoción, la fama y el glamur no duran. Son fantasías traicioneras que en cualquier momento pueden hacerte caer desde grandes alturas a una gran angustia.
Hay mucha felicidad y paz mental en no ser nadie, en simplemente ser. La conciencia es no ser nada. Es como un centro alrededor del cual gira todo. No cambia, no se agota, no se desvanece.

No ser uno mismo

Es difícil imaginar no ser nada si uno está continuamente en movimiento, constantemente entretenido, siempre buscando la siguiente experiencia emocionante. Sin embargo, hay una plenitud, una alegría sutil, una satisfacción, una paz, en el simple hecho de Ser que no se siente como un vacío o nada.

Se nos dice que, antes de ser iluminado, Gautama el Buda se hizo asceta y se disciplinó severamente, física y mentalmente, llegando a estar a punto de morir. Intentaba, como muchos de los aventureros religiosos de su época, trascender el cuerpo hacia una mayor espiritualidad torturando la carne. Entonces, un día, agotado y demacrado por sus esfuerzos, recordó la felicidad que había experimentado de niño mientras jugaba a orillas del río Ganges. Esto le inspiró un nuevo comienzo.

Lo que recordaba era la pureza de su mente libre de cargas cuando era niño: una mente centrada en su propio ser. La mayoría de nosotros experimentamos esto en nuestros primeros años, pero luego se desvanece gradualmente con la educación formal y los asuntos del mundo. La mente centrada en la Conciencia, como la mente de un niño pequeño, está llena de su propio sentido. Está libre del Mundo y consumada en la pura alegría de existir.

Estar fuera del tiempo

Hemos oído que "no debemos vivir en el pasado", que "no podemos cambiar el pasado", que necesitamos "dejar ir el pasado". Sin embargo, a pesar de toda esta útil sabiduría mundana, la mayoría de nosotros vivimos como esclavos del pasado.

Pero ¿qué es el pasado?

Sé que ayer me levanté, me lavé los dientes, desayuné y me fui a trabajar. Luego, por la noche, cené y me acosté, al final de otro día. Mañana haré la mayoría de las mismas cosas, y en este momento, estoy escribiendo este libro. Con la ayuda del sol, nuestros relojes y teléfonos móviles, somos meticulosamente conscientes del tiempo. Como resultado, percibimos nuestra vida como un proceso, con un principio, un medio y un final. Conocemos el tiempo porque vemos a nuestro alrededor cosas que se mueven y cambian.

Pero ahora, imagina que estás en una habitación muy oscura, sentado en una silla, sin sonido. En esta situación, ¿qué es lo que sabes? Al no tener discernimiento del día ni de la noche, perderías la noción del paso de los días, ya que todo sería un oscuro presente. Puedes notar tu respiración y los latidos de tu corazón, pero son ciclos. Mientras estás sentado en la oscuridad, lo único que cambia son tus pensamientos, ya que aparecen y desaparecen de la conciencia sucesivamente. Pero, como los pensamientos se manifiestan a intervalos irregulares, no proporcionan un marco de referencia para determinar el tiempo. Aquí se pierde todo sentido de la duración. Aquel que observa los pensamientos no se mueve, no puede medirse y, por lo tanto, debe ser intemporal.

Desde la perspectiva del cuarto oscuro, es más fácil saber que el tiempo es un concepto. Es sólo una medida. El tiempo es la medida en unidades del cambio de algo. Es una conciencia, una persona, quien hace la medición, define lo que es el tiempo y le da existencia. La razón por la que podemos determinar el tiempo es precisamente porque nos situamos fuera del mundo cambiante. De lo contrario, no seríamos capaces de ver el cambio. El famoso filósofo Emmanuel Kant explica que el tiempo, y el espacio, son los medios pre-reflexivo (a priori) por los que nuestra conciencia organiza la percepción, o experiencia sensorial.

Pero ahora es aún más extraño.
La conciencia no sólo crea el tiempo, sino también el universo. Como hemos dicho antes, cada persona es un punto de vista singular sobre el universo físico. Nuestra conciencia hace que las cosas existan, del mismo modo que un reflector revela los objetos en

la oscuridad absoluta. Pero, a diferencia del reflector, no puede decirse que exista nada si la mente no es consciente de ello. Es como si el reflector no sólo sacara las cosas de la oscuridad, sino que también las hiciera existir.

Por ejemplo, cuando escuchamos música, los tonos son inteligibles como melodía y ritmo porque nuestra conciencia da estructura y significado a los sonidos musicales. La música sólo existe en la mente humana. De la misma manera que la Conciencia hace que existan el sonido y la música, también hace que existan las matemáticas, la física, las cosas materiales y el universo mismo. No es que los ordenadores, los libros, las matemáticas o el universo sean incomprensibles sin la mente humana, es que ni siquiera existen. Lo que puede decirse que existe fuera del entendimiento humano Kant lo llama "sustancia", o la "cosa-en-sí".

Cualquier cosa que intentes pensar que existiría fuera de tu percepción consciente del mundo, ya sería otro concepto en la conciencia. Imaginar un Universo sin un humano en él, no es más que otro concepto. La existencia de algo, ya sea la música, las matemáticas o el universo de cosas materiales, siempre implica una conciencia conocedora, una Conciencia.

El Gato de Schrodinger es el nombre de un experimento mental diseñado por el físico Erwin Schrodinger para ilustrar la naturaleza cuántica de las partículas atómicas. Se imagina un gato en una caja con un contador Geiger, una sustancia radiactiva, un martillo y un frasco con veneno. Cuando la sustancia radiactiva libera aleatoriamente una partícula, el martillo cae, rompiendo el frasco de veneno y matando al gato. Debido a la desintegración impredecible del material radiactivo, el gato existe tanto vivo como muerto (como probabilidad) hasta que se examina la caja, al igual que una partícula atómica sólo existe matemáticamente hasta que se mide.

Pero supongamos ahora que un ordenador robotizado abriera la caja y grabara un vídeo del gato. ¿Podría decirse que el gato fue observado como vivo o muerto si ningún humano observara nunca el vídeo? Este desarrollo ulterior del experimento mental demuestra especialmente lo que significa ser consciente de la existencia. Significa que el gato no existe, ni vivo ni muerto, hasta que un humano mira en la caja. Es con la experiencia humana que el universo, tal como lo conocemos, cobra existencia.

En concreto, el pasado son sólo pensamientos que recordamos. Nuestros libros de historia son todos los pensamientos que la gente ha recordado. Cuando pienso en mi pasado, sólo evoco pensamientos (recuerdos). Lo que hice ayer son pensamientos que estoy teniendo en el momento presente.

Aunque parezca obvio que el pasado son pensamientos, la mayoría de nosotros experimentamos nuestros recuerdos como si fueran el presente; como si el pasado volviera a cobrar vida en la mente, como una repetición televisiva. Lo que hace que los pensamientos sigan volviendo, y parezcan vivos, es el apego emocional a las situaciones no resueltas. Si sigues abrazando tus pensamientos como tu pasado, como tu Yo del pasado, seguirán persiguiéndote y dominándote, y harán crecer tu almacén de sal.

La sabiduría moderna nos anima a vivir el momento presente, a olvidar el pasado, a no pensar en el futuro y a aferrarnos al ahora. Pero ¿qué es el momento presente?

Como ya hemos visto, el pasado son pensamientos sobre lo que ocurrió, y el futuro son pensamientos sobre lo que imaginamos que ocurrirá. El hecho es que no podemos estar en otro lugar que no sea el presente. Nos concentramos en alguna idea, luego nos concentramos en lavar los platos, luego en una llamada telefónica que hicimos, luego en una emoción, luego en lo que hicimos ayer, o en lo que pasará mañana, todo ocurre en el momento presente.

Lo que la mayoría de la gente llama el momento presente resulta ser simplemente centrar tu atención en lo que estás haciendo.

Lo que realmente hace poderoso al "momento presente" es ser conscientes de nuestro punto de vista objetivo: como a distancia, como dando un paso atrás, de los objetos de nuestra conciencia. Más exactamente (puesto que no hay pasado ni futuro) no hay momento presente, sólo una conciencia centrada, atemporal y personal del universo cambiante. Nuestra experiencia real de la existencia no es un proceso, con un principio y un final, que es sólo la forma en que pensamos de ella. No hay una serie de momentos conscientes conectados entre sí, como afirmaría la mayoría de los budistas. Todavía hay un centro alrededor del cual el mundo cambia. Este centro es tu Conciencia.

Dejar ir

Dejar ir algo que te molesta o te estresa parece algo fácil de hacer, sobre todo si no es tuyo. Pero, como casi todo en la vida, nada es tan sencillo como parece. Por lo tanto, no debería sorprendernos que la única forma de dejar ir realmente sea a través de la aceptación.

Aprendimos que nuestro sufrimiento mental se precipita al mantener en mente algo que simultáneamente deseamos y no deseamos, creando así conflicto mental y tensión. La razón por la que nos resulta tan difícil desprendernos de estos deseos conflictivos es que implican al Yo que nos esforzamos por proteger casi a cualquier precio.

El filósofo escocés David Hume (1711-1776) observó que la mayoría de nosotros nos regimos por las emociones. Tomamos decisiones emocionales y luego las racionalizamos a nuestra conveniencia. Los pensamientos emocionales están cargados de energía mental que se hace más fuerte y tenaz cuanta más atención les préstamos. Empleamos estos pensamientos cargados de energía para proteger a nuestro Ser contra la embestida del mundo en, para reafirmar y afirmar su existencia. Como hemos aprendido, todas las emociones se basan en el miedo. Incluso la alegría es la liberación del miedo.

Las relaciones pueden sacar a la luz recuerdos traumáticos reprimidos de la infancia, lo que desencadena tácticas emocionales de autodefensa. Nuestros miedos, prejuicios y emociones nos mantienen aferrados a nuestro Yo.

Si sientes que no puedes vivir sin tu Yo, entonces deberías reconsiderar con qué Yo quieres vivir, porque nos reencarnamos a través de muchos Yoes. Las llamamos fases o etapas de desarrollo. El simpático e inocente niño de 5 años no es la misma persona que se convierte en el adolescente rebelde, ni más tarde en el padre responsable. Son personas diferentes, con mentes diferentes y cuerpos diferentes. Todo lo que determina tu Autoidentificación cambia a medida que creces: con el cuerpo, las emociones, lo que te gusta y lo que no, y la mentalidad. Lo único que permanece inmutable a lo largo de nuestra vida es la Conciencia, el punto de vista en el centro de todas estas encarnaciones.

Aunque los conflictos generados por nuestra identificación con el Sí mismo son una fuente de sufrimiento e infelicidad, no podemos desprendernos del Sí mismo como entidad porque no es una entidad. Por lo tanto, para desmantelar nuestra dependencia del Ser, debemos centrarnos en sus partes Constituyentes. Esta es nuestra identificación con el cuerpo físico, las sensaciones, los pensamientos y las emociones. Para ello, primero nos damos cuenta de su existencia objetiva y luego los desactivamos mediante la atención plena y la sabiduría.

Para distanciarse mentalmente de los constituyentes del Ser, la práctica de la atención plena y la meditación de concentración han demostrado ser las más eficaces.

Con la meditación de concentración aprendes a aquietar la mente lo suficiente como para reconocer su autonomía respecto a los objetos de conciencia (el cuerpo, los pensamientos, las emociones y las sensaciones). Esto permite la paz mental y el estado de alerta necesarios para que te retires del Mundo: para darte cuenta en un punto de vista desapegado del Ser. La atención plena a las actividades cotidianas permite entonces alcanzar esta distancia objetiva mientras se está activo en el mundo.

Una vez que la objetividad (desapego) se establece, entonces puedes relajarte en un punto de vista pre-reflexivo y abstenerte de absorberte en el Mundo como Ser o al menos evitar quedarte allí. Examinaremos cómo hacerlo en el capítulo sobre meditación.

Supongamos que alguien te ha insultado esta mañana. Pensar en el insulto todavía te enfada, te hace querer luchar contra la agresión, contra el abuso. En tu mente, en reproduces el pensamiento-memoria del insulto y provocas persistentemente la ira. El recuerdo es un pensamiento hacia el que diriges la ira, y se puede ver conscientemente sólo como ese pensamiento. Como la situación real ya ha pasado, la ira se dirige, no a la persona (puesto que ya no está presente), sino al pensamiento del incidente en sí. En realidad, la amenaza para el ego es el pensamiento de la falta de respeto. Se disipará con el tiempo y con la atención a otros pensamientos.

La emoción de la ira también puede examinarse por separado. Es una energía apremiante que aumenta con cada recuerdo del insulto y se filtra a cualquier cosa o persona que se cruce en tu camino. Cuando se la aísla del pensamiento del insulto, cuando se la observa independientemente como energía solamente, el poder de la emoción se disipa. Si de repente piensas en otra cosa, por ejemplo, en el horario de una película que quieres ver, la ira desaparece hasta que vuelve el pensamiento desencadenante. El ego también se experimenta como un pensamiento de ti mismo siendo insultado (a veces puedes ver la discusión como si viniera de detrás o por encima de tu imagen de ti mismo).

Por desgracia, lo que ocurre en la vida real no es tan sencillo como esta ilustración. Debido a la intrincada naturaleza del Ser, un insulto puede desencadenar recuerdos sutiles, incluso que se remontan a la infancia, desencadenando una variedad de emociones. Sin embargo, todas ellas estarán ligadas al pensamiento del insulto y a su emoción prominente, que estará presente en la mente como una entidad objetiva. Con la práctica, a medida que aumenta la concentración atenta y la autonomía de la mente, se debilita la influencia que los pensamientos y las emociones ejercen sobre ella.

El truco para soltar el Yo implica no analizar los pensamientos, recuerdos o emociones en cuanto a su origen o causa, ya que esto puede ser un nudo gordiano. Se trata de ver que son objetos de la conciencia, y no tu verdadero yo, y establecer así esa distancia psicológica que mitigará su poder. No tenemos que entender cómo o por qué tenemos los pensamientos y emociones que nos estresan, sino sólo darnos cuenta de nuestra autonomía. Los pensamientos y las emociones se disiparán por sí solos si no les damos importancia.

Los objetos de nuestra conciencia (sensaciones, emociones, ideas, el mundo físico y el cuerpo) siempre cambian porque son cosas condicionadas. Las cosas condicionadas dependen de múltiples factores, o causas, para su existencia y, por lo tanto, cambian con las causas cambiantes. Las cosas condicionadas son lo que manipulamos a través de nuestras interacciones con el mundo, en nuestra captación y rechazo del mundo.

Por ejemplo, digamos que me he comido una pizza grande de queso yo solo y, como resultado, ahora tengo un enorme dolor de estómago. El dolor de estómago ha sido condicionado por mi glotonería, la naturaleza física de mi abdomen, los ingredientes de la pizza con todos sus precursores (la leche, la vaca, el trigo, etc.) y mi falta de sentido común. Por lo tanto, aunque yo sea el dueño de mi dolor de estómago, éste seguirá siendo para mí un objeto que acabará cambiando.

Ahora el dolor de estómago me estresa, no me apetece, y estoy decepcionada conmigo misma por ser tan impulsiva con la comida, y esto me altera. Estos pensamientos y emociones que surgen también están condicionados por haberme comido la pizza y por la respuesta de mi ego. Los pensamientos y las emociones son obra mía y también están presentes como objetos en mi mente. Aparecen y desaparecen dependiendo de las situaciones, de las causas y de las decisiones previas que he tomado.

Aunque no haga nada, la pizza y el dolor de estómago desaparecerán. Lo único que debo hacer es no tomármelo como algo personal, no implicarme en ello, no añadir más estrés al que ya hay.

Cuando nos damos cuenta de que el Mundo no es uno mismo, que está separado de la Conciencia, entonces estamos preparados para dejarlo ir.

Pero cómo se puede sacar algo de la mente, cuando es la atención, el centrarse en ello, lo que mantiene las cosas ahí. Todos hemos experimentado este problema cuando oímos una canción que no nos gusta, y se vuelve cada vez más molesta cuanto más intentamos bloquearla. Podemos intentar suprimirla pensando en otra cosa, silbando, echándonos agua a la cara, pero a pesar de mucho esfuerzo mental, sigue molestándonos. Esto sucede porque sigues trayéndolo a la mente al no quererlo ahí, al tratar de deshacerte de él. Tal es la naturaleza de la conciencia, que prestar atención, centrarse en algo, es como agarrarlo, y no podemos soltar algo agarrándolo.

Una vez que un pensamiento o una emoción, o una melodía molesta, se apoderan de la mente, es necesaria la aceptación para extraer su energía; de modo que pueda desaparecer pacíficamente por sí solo. La aceptación es no-resistencia. Es el resultado natural de la realización del Mundo-que-no-es-uno-mismo. La aceptación no significa indiferencia, alienación, ni dejar que nadie te pisotee.

Cuando te das cuenta de que el Mundo no eres tú ni es tuyo, que es impermanente e insatisfactorio, entonces disminuyes tu ansia y hambre de él. Esta sabiduría libera tu obsesión por el mundo y tu miedo a él. Así, aflojas tu agarre.

El mundo no desaparece, ni nos volvemos insensibles o apáticos cuando nos desprendemos de él. De hecho, desarrollamos un aprecio y una sensibilidad más profundos por todo porque ya no nos sentimos afligidos ni conflictuados por nada. Con la aceptación, estamos centrados en nuestra Conciencia. Te limitas a observar lo que viene y va, sin tomarte nada personal, sino viendo todas las cosas como objetos de conciencia. Seguirás sintiendo el Mundo -el dolor, la ira, el deseo, el amor- pero no le das más importancia de la que tiene: es lo que es.

Cuando nos enfrentamos a situaciones de pérdida de un ser querido, la aceptación resulta especialmente eficaz para aliviar los conflictos mentales. Por ejemplo, cuando hemos perdido a un ser querido, sentimos dolor mental porque nos aferramos a los recuerdos amorosos y los rechazamos al mismo tiempo. En lugar de eso, podemos ser conscientes de que a lo que nos aferramos y de lo que intentamos deshacernos es de los pensamientos emocionales, del deseo por el ser querido que ya no está presente. Entonces, podemos aceptar el dolor, como consecuencia de nuestros deseos, en lugar de luchar contra él. Cuando amas de verdad, cuando amas a alguien por su propio bien, puedes dejarlo ir sin sufrir.

Comprender que el Mundo no es uno mismo otorga muchos poderes: paciencia, perdón, ecuanimidad, fortaleza, empatía, sabiduría y aceptación. Entonces te das cuenta de que no tienes que luchar contra el Mundo, sino simplemente dejarlo ser. Esto es todo lo que se necesita porque, por su naturaleza, todas las cosas del Mundo cambiarán y se disiparán por sí solas.

Cuando te sueltas de tus deseos y miedos, alcanzas una paz mental que permite el florecimiento de la sabiduría. Por ejemplo, la razón por la que el trabajo se convierte en una carga es porque queremos estar haciendo otra cosa y, como resultado, nos aferramos a esa actitud mental de "no querer estar aquí". Es el persistente pensamiento de no querer estar lo que causa el estrés mental y el cansancio asociado al trabajo.

Por otro lado, si se considera la valía de asumir la responsabilidad de cuidar de uno mismo y de la familia, reconociendo las graves consecuencias del desempleo. Si consideras que todo lo que hacemos, incluso hacer deporte e irnos de vacaciones, implica un esfuerzo importante. Entonces puedes aceptar sabiamente el trabajo como un hecho de la vida y evitar el esfuerzo mental y el estrés de desear estar en otro lugar.

Es más, si reconoces la satisfacción personal de un trabajo bien hecho, el bienestar y la felicidad que puede aportar a alguien, y los beneficios económicos para uno mismo y para los seres queridos, entonces el trabajo se convierte en una vocación agradable y significativa. Esto es sabiduría.

Lidiar con el dolor crónico es estresante. Sin embargo, si luchas contra el dolor rechazándolo, no sólo tendrás que soportar el dolor físico, sino también la angustia mental. Esta angustia puede provocar depresión, ansiedad, gastritis, hipertensión y otras complicaciones. Debes hacer todo lo posible por mitigar el dolor físico con medicación o terapia. Pero más allá de esto, debes aprender a "lidiar con él", aceptar el dolor como un objeto de conciencia. Para ello, la atención plena y la meditación de concentración han demostrado ser útiles.

La aceptación es la no resistencia. Es una actitud de "es lo que es" hacia la vida, sin aferrarse ni apartarse, sin hacer más de lo que es. Contemplas las situaciones con serenidad y comprensión, y actúas para corregir los problemas metódicamente, con autocontrol e intención benévola.

Si practicas el desapego sin sabiduría, entonces creces en apatía y nihilismo. Se convierte entonces en una supresión de lo que realmente quieres: una actitud de "nada importa" que sólo te deja vacío.

El mundo es un lugar maravilloso, tan misterioso como milagroso. Toda la vida debe apreciarse por su belleza, dramatismo e importancia. Pero no es fuente de verdadera felicidad.

La vida siempre sale a nuestro encuentro con sus exigencias. Debemos comer, beber, encontrar cobijo, ser buenos con los demás y hacer todo esto con integridad. Siempre habrá problemas y estrés con la familia, el trabajo y las exigencias de la vida diaria. No se puede prescindir de estas cosas, porque ésa es la naturaleza de la existencia humana.

Desprenderse del mundo no significa deshacerse de todo lo que se posee, prescindir del disfrute, vivir en la austeridad o convertirse en un asceta. Renunciar a algo que deseas es un sacrificio, no un desprendimiento ni una libertad.

Cuando eras niño, te fascinaban los dibujos animados, los caramelos, las bebidas dulces y las muñecas. Como adultos, superamos el encanto de estas cosas. Del mismo modo, si observas atentamente la naturaleza fugaz de toda experiencia sensorial, la tensión de las emociones, la mutabilidad de las creencias y los valores, y el deterioro del cuerpo, también superarás esos deseos.

Liberar nuestra dependencia del Yo es madurar. Es darse cuenta de que somos más que el mundo. Que nuestra verdadera naturaleza trasciende el mundo físico, las emociones y las creencias. Entonces, comprendes la estupidez y la futilidad de nuestros anhelos

Cuando tu fascinación por el Mundo cede, y la identificación con un Yo se apodera de ti, entonces te das cuenta de que siempre has estado completo.

Atención Plena

Se ha demostrado que la práctica de la atención plena es un tratamiento eficaz para diversos problemas psicológicos. Ayuda con enfermedades emocionales, como la depresión y los trastornos alimentarios, para reducir el estrés, en el tratamiento del dolor y en la rehabilitación penitenciaria, por nombrar algunos. Se ha descrito como "prestar atención al momento presente de forma no crítica" y como "recordar prestar atención".

Como ya hemos dicho, la atención sólo puede estar en el momento presente. Es decir, pensar en el pasado o en el futuro es sólo recordar pensamientos e imaginar. Como resultado, la instrucción de ser "consciente del momento presente" sólo crea confusión sobre lo que se supone que debes hacer con tu atención. Lo que la mayoría de los practicantes acaban haciendo cuando moran en el "momento presente" es simplemente estar atentos a las sensaciones físicas: los colores, los sonidos, los olores, los sabores o las actividades físicas.

Mindfulness es simplemente prestar atención. Es la capacidad de nuestra mente para concentrarse en algo. Es lo que hacemos cuando leemos un libro, enhebramos una aguja, memorizamos una frase o elegimos un aguacate en el supermercado. Cuando no estamos atentos, nos perdemos en pensamientos divagantes o soñamos despiertos, sin ser muy conscientes de lo que hacemos o pensamos, reaccionando a cualquier cosa que se nos pase por la cabeza. Entonces nos perdemos en el mundo

Donde la atención plena se vuelve verdaderamente terapéutica y trascendente es en la atención plena del Mundo como No-Yo. Esto es a lo que el Buda se refería como Atención Plena. En ella consideramos el Mundo como un objeto, como a distancia, para estudiarlo y comprenderlo con claridad, en lugar de reaccionar con ignorancia.

Cuando somos conscientes de los pensamientos como No-yo, como objetos de nuestra conciencia nos convertimos en ellos. Conocemos su naturaleza fantasmal y su no permanencia. Cuando somos conscientes de las emociones como No-yo, no son tan amenazadoras: su energía se disipa como el hielo derritiéndose. Con la atención plena, el cuerpo no se siente tanto como Yo, sino como la extensión de la conciencia en el mundo físico, como un vehículo. Entonces, mis dolores no son tan personales y ya no son fuente de sufrimiento, mis placeres ya no esclavizan.

Cuando practicamos la atención plena al comer, estamos atentos a la naturaleza transitoria de la comida. Cómo se siente y sabe en la boca, cómo se mastica y se traga, y lo fugaz que es su sabor. Comemos sabiendo que la comida es principalmente para nutrirnos. El sabor agradable lo disfrutamos por lo que es, una breve sensación, sin la ilusión de que pueda ser una fuente de plenitud o felicidad. Así es como llegamos a la moderación: eligiendo alimentos suficientemente apetitosos y beneficiosos para nuestra salud.

Al practicar la Recta Atención al cuerpo, prestamos atención a nuestra salud física, a lo apropiado de nuestra forma de vestir y al efecto que nuestro cuerpo tiene en los demás. Como ya hemos dicho, nos desarrollamos como seres individuales principalmente a través del cuerpo. Por eso es importante cuidarlo comiendo sano, haciendo ejercicio y evitando la ingestión de toxinas. La mente y el cuerpo están íntimamente ligados, de modo que lo que afecta a uno repercute en el otro. Un cuerpo sano favorecerá una mente sana y en paz.

El cuerpo es también nuestro medio de expresión inmediato. Lo que pretendemos con la mente lo exteriorizamos con el cuerpo. La ropa no sólo sirve para protegernos de los elementos, sino también para moderar nuestra sexualidad. Debemos tener una comprensión clara de lo que comunicamos a los demás con nuestra vestimenta y nuestro amaneramiento, siendo conscientes de las consecuencias que nuestros actos tendrán en los demás y en nosotros mismos.

Cuando practicamos la Atención Plena de la mente, reconocemos la actividad de nuestros pensamientos y emociones, observando su surgimiento y disolución. Podemos observar el surgimiento del deseo, el esfuerzo del aferramiento y la tensión de la repulsión. Apreciamos cómo nos afectan los pensamientos y los recuerdos y la tranquilidad que se apodera de la mente cuando se liberan. Cuando nos volvemos expertos en estar atentos a los objetos de la mente, se hace evidente el tiempo y la energía que malgastamos con pensamientos innecesarios, y lo tranquila, sosegada y concentrada que está la mente de forma natural. A lo largo del día experimentarás cómo los pensamientos negativos agobian tu mente, te estresan, y cómo los pensamientos positivos animan tu estado de ánimo, te hacen sentir más ligero. Mientras que los pensamientos poderosos desencadenarán un estrés emocional inmediato, los pensamientos negativos persistentes erosionarán lentamente tu compostura y tu paciencia. También notarás lo ligera y sin esfuerzo que se siente tu mente cuando no se ve afectada por ningún pensamiento.

Con la práctica de la atención plena, se aprende a controlar el impulso de reaccionar ante el mundo. Desarrollas un sobrio aprecio por las cosas bellas de la vida y compostura en el disfrute de los placeres. Disfrutas sin necesidad de poseer. Aprendes a experimentar las cosas y las personas desagradables sin rechazo ni disgusto.

Para desarrollar la Atención Plena, puedes practicar la meditación en la respiración tal y como la enseñó Buda en el "Sutta Anapanasati". Primero, mientras estás sentado con los ojos cerrados, te concentras en el proceso de la respiración para calmar la mente. Luego observas el cuerpo, los sentimientos, las emociones y los pensamientos con el objetivo de comprender estos como No-yo. En el capítulo dedicado a la meditación, detallaremos cómo hacerlo eficazmente.

Crianza adecuada

Criar a un hijo puede convertirse en nuestro mayor logro y nuestra mayor recompensa, o en nuestro mayor fracaso y nuestro peor arrepentimiento.

Aunque todos fuimos niños alguna vez, de adultos apenas recordamos cómo era. Olvidamos la intensidad con la que el mundo se nos revelaba, la inmensa alegría de los placeres más sencillos, la apertura a la vida y a los demás. A medida que envejecemos, nuestra sensibilidad se embota. Nuestras mentes se llenan cada vez más de educación y opiniones. A medida que la vida se vuelve más racional y predecible, el mundo se vuelve más problemático que bello, más amenazador que maravilloso. La mayoría de los adultos jóvenes se conforman con ver el universo a través de los ojos de sus padres. La mayoría de los padres adoptan indiscriminadamente los prejuicios y temores de sus progenitores como lo más práctico para educar a sus propios hijos.

Ser padre es algo maravilloso

A través de los ojos de nuestros hijos, podemos volver a experimentar parte de la maravilla y la alegría de descubrir el mundo. Al ver una mariposa o un perrito, o al probar un helado, su curiosidad y asombro nos traen la nostalgia de cuando la vida era emocionante y misteriosa. La sonrisa de aceptación, los ojos cándidos y la amable disposición de los niños pequeños reflejan una pureza de espíritu poco frecuente a cualquier otra edad. Es difícil expresar con palabras la profunda compasión que sienten los padres cuando son testigos de las luchas y los logros de sus hijos. Las primeras palabras, los primeros pasos, el primer día de colegio, la puntuación ganada, la actuación, los cumpleaños, la graduación, la boda son cosas que resuenan con una ternura ahuecada en el corazón de un padre. Su inocencia y vulnerabilidad nos inspiran el amor más desinteresado. Su alegría y vivacidad nos regalan una felicidad incomparable.

Ser padre es ser real

La felicidad de ser una nueva pareja florece de forma natural en el deseo de ser padres. Entonces, la visión de los bebés, la ropa de bebé, los zapatitos, los biberones, los cochecitos, inspiran una ternura y un anhelo de oír los dulces arrullos de nuestros propios retoños. Otros padres nos animan a formar una familia, nos cuentan las maravillas del embarazo, la felicidad del baby-shower, las alegrías de comprar muebles de bebé y de pintar la habitación del bebé.

Estos veteranos procreadores han olvidado durante mucho tiempo las frías realidades de la paternidad: las molestias y complicaciones del embarazo (sólo las náuseas y vómitos afectan al 75%), las preocupaciones y complicaciones del parto, la depresión posparto (que afecta hasta al 15% de las madres), los despertares para alimentarse durante la noche cada 2-3 horas durante muchas semanas, la pérdida de tiempo personal y libertad, y la pérdida de intimidad como pareja. El nacimiento de un hijo no refuerza una relación, sino que amenaza con desmantelarla. La realidad es que lo que motiva a la mayoría de las parejas a tener un bebé es sobre todo fantasía.

La forma en que captamos el mundo para llenar nuestro vacío es principalmente a través de las fantasías: el entretenimiento de ideas poco realistas y excesivamente optimistas. Tenemos ideas poco realistas sobre el empleo, la profesión, la familia, la gente, el matrimonio, la vida y la muerte, y sobre la educación de los hijos. El matrimonio y la paternidad están fuertemente impulsados por la fantasía. La elevada tasa de divorcios demuestra la idea errónea de que el matrimonio tiene más que ver con el compromiso, el perdón y la comprensión que, con un romance interminable, orgasmos y una vida feliz para siempre.

No menos es la paternidad, ya que pocas personas planifican cuidadosamente las tensiones, responsabilidades y sacrificios personales que conlleva criar bien a un hijo. Quizá sea esta capacidad de fantasear la que mantiene el mundo en movimiento y poblado, pero con frecuencia conduce al desencanto y al sufrimiento.

Tras la cruda realidad del embarazo, el parto y los primeros meses de vida del bebé, llega la no menos desalentadora tarea de criar al niño.

Ser un buen padre es ser responsable

La mente de un niño es pura Nada. Lo que aprehendemos en la conciencia de un niño pequeño es un puro ser-ahí. El niño pequeño es todo conciencia pre-reflexiva. Hay conciencia, pero no pensamiento y, por lo tanto, no hay Ser. Por lo tanto, es una obligación moral de los padres dar a sus hijos la crianza necesaria para el desarrollo de un Yo sano. En la medida en que tengamos éxito o fracasemos en esto, se reflejará en nuestra propia autoestima, paz mental y felicidad.

Aunque el mayor regalo que podemos hacer a nuestros hijos -como ya habrán adivinado- no procede del mundo, sí que lo necesitan en su justa medida para desarrollar una mente sana. Los buenos padres deben satisfacer las necesidades físicas de sus hijos, proporcionarles la cantidad y la calidad de alimentos adecuadas (es decir, una dieta equilibrada) y darles la oportunidad de hacer ejercicio. Y lo que es más importante, los niños necesitan sentirse protegidos, tener un entorno seguro en casa y en la escuela. Estas obligaciones pueden ser cumplidas por padres de casi cualquier nivel económico.

Dado que la conciencia humana carece de inhibiciones naturales, es crucial que proporcionemos al niño la medida adecuada de disciplina para fomentar el autocontrol. Al establecer normas y límites coherentes, ayudamos al niño a interiorizar la moderación, que es indispensable para un sano sentido del Yo. Es decir, al decir "no" a un niño, éste aprende a decirse un "no" a sí mismo: interioriza la inhibición. También es esencial proporcionar dosis adecuadas de gratificación y castigo para ayudar a establecer los límites.

Un niño que crece sin límites, sin respetar las normas ni los límites personales, no desarrolla la integridad de su personalidad. La falta de autocontrol provoca conflictos con los demás y confusión a la hora de determinar el comportamiento adecuado. Existe una gran negligencia en los tiempos modernos de no dar suficiente atención íntima y disciplina a los niños: demasiadas redes sociales, demasiada gratificación y muy poca atención personal.

La interacción personal con uno de los padres permite al bebé identificar una existencia separada del mundo, determinar un ser-ahí, desarrollar un punto de vista sobre el Mundo. En los dos primeros años es fundamental que el niño reciba suficiente atención de calidad. La pronta atención a los llantos del pequeño refuerza la auto-existencia y mitiga el estrés. En la creación de la Autoconciencia, el contacto visual es crucial. La Mirada comunica al lactante una existencia, un ser algo. Las palabras personales tienen una fuerza directa de identificación que es esencial para el éxito del vínculo y el fomento de la autoestima. Tocar el cuerpo comunica afecto, intimidad y protección. El bebé al que se deja llorar, sin tocarlo, sin hablarle, sin mirarlo, desarrolla una personalidad inestable, confusa y frustrada. Se convierte en un Yo siempre hambriento de consuelo, de reconocimiento y de intimidad.

Aunque somos más que el Yo que creamos, no es posible trascender un Yo atribulado o enfermo.

Cuando nos convertimos en padres, la mayoría de nosotros hemos olvidado lo que era ser niño en un mundo impredecible, y cómo idolatrábamos a nuestros padres como a nuestros propios héroes personales: como seres sobrehumanos. A medida que crecemos, los defectos de quienes nos cuidan se hacen cada vez más evidentes: la integridad laxa, la honradez imperfecta, la debilidad de carácter y, para algunos, la crueldad descarada. Como herederos de su sal, la desilusión y las decepciones con nuestros padres se convierten a veces en justificación de nuestros propios defectos.

Somos los primeros y más importantes maestros de nuestros hijos. Los niños aprenden observando a sus padres. Caminan, hablan y gesticulan como sus padres. Incorporan nuestros valores y prejuicios, aunque parezcan rebelarse contra ellos. Son los herederos de nuestra sal y nuestra agua.

Con nuestros hijos, tenemos la oportunidad de hacerlo mejor, de cambiar el futuro, de diluir la sal. Al prestar atención a nuestros pensamientos, emociones, acciones y reacciones, adquirimos una perspectiva sanadora. Al sanar nuestra mente, protegemos y sanamos a quienes nos quieren, nos admiran y dependen de nosotros para su bienestar. Podemos ser conscientes de nuestras motivaciones y miedos. Atentos a los recuerdos y emociones que desencadenan las situaciones, o su mal comportamiento.

Debemos ser muy conscientes de la importancia que les damos como personas y del respeto que les mostramos, manteniendo al mismo tiempo la integridad de la relación padre-hijo. También debemos ser un ejemplo de integridad, respeto a los demás y honestidad. Debemos asegurarles que se les cuida y se les quiere. Al hacerlo, ¡podemos ser auténticos héroes para ellos!

Lo que llega a ser de un individuo es individual, ya que cada uno de nosotros tiene un camino personal que recorrer y decisiones personales que tomar. Sólo podemos hacer todo lo posible para ayudar a nuestros hijos a convertirse en personas íntegras. Pero para hacerlo lo mejor posible, primero debemos ser **REALES** con nosotros mismos. Debemos comprometernos heroicamente con ellos. Sólo seremos moralmente responsables por la negligencia de hacer lo que es correcto. Es en esto donde nuestros hijos nos regalan la oportunidad de realizar el acto supremo del verdadero amor: darnos desinteresadamente por el bien de los demás.

III

Concienciación

Auténtica felicidad

Alcanzarás mucha felicidad y paz mental con sólo tener buenos pensamientos y no permitirte intenciones negativas. Con cada obra virtuosa y cada acto de bondad, añades más agua a tu sal.

Pero, como incluso las buenas intenciones dependen de un Yo cambiante, inevitablemente habrá fracasos y decepciones. La identificación con un Yo, aunque sea positivo, siempre será una carga, un obstáculo, una irrealidad. Siempre será de mala fe.

Cuando te das cuenta de que el Ser es sólo pensamientos y emociones y que tú eres una subjetividad absoluta, una conciencia pura, entonces estás en el camino hacia la libertad incondicionada y la auténtica felicidad. Cuando estás libre de tener que ser algo, libre de la influencia de cualquier Ser, entonces puedes morar en la tranquilidad de la mente incondicionada.

A estas alturas ya deberías haberte dado cuenta de que no hay nada que estemos destinados a lograr en el mundo, ningún plan maestro del que nosotros seamos personalmente responsables. No importa lo talentoso que seas, lo mucho que hayas logrado y lo mucho que hayas aprendido, la verdad es que todo terminará con el fin de tu Mundo. No importa cuánto sobreviva la humanidad, este sistema solar terminará, esta galaxia terminará y este universo terminará. Por tanto, nuestra felicidad y nuestro sentido no pueden depender en absoluto del Mundo.

Y, sin embargo, estamos en el mundo por una razón. El universo existe por una razón. Todo en el universo tiene una causa previa, y aunque no comprendamos una causa primera, sabemos que estamos evolucionando, y sabemos que existimos. Y este SABER ya es una trascendencia de nuestra existencia terrenal. Toda vida, por tanto, tiene un sentido, una razón de ser.

La auténtica felicidad no consiste en sentirse alegre todo el tiempo ni en tener predisposición al bienestar. No se trata de tener un estado de conciencia hipersensible ni frecuentes experiencias placenteras. No se llega a ella con la fama, la fortuna, el poder o el conocimiento. Todos ellos son estados no permanentes y condicionados y, por tanto, incompatibles con una felicidad duradera y significativa.

La verdadera felicidad no consiste en ninguna cosa o experiencia especial. La mayoría de la gente cree que será feliz si se resuelve alguna condición o problema de su vida. Pero cosas como tener más dinero, más tiempo libre, una carrera exitosa, o encontrar el amor verdadero, sólo traerán satisfacción temporal. Cualquier cosa que deseemos del Mundo será algo fuera de nuestro control, no duradero, y por lo tanto una fuente eventual de infelicidad.

Nuestra búsqueda de la felicidad es realmente una búsqueda de nuestro verdadero yo. Lo que perseguimos con nuestros deseos es la plenitud, un sentido, una razón para nuestra existencia. En el fondo, queremos superar nuestra Nada

Cuando no habitas en ideas del Ser, cuando no hay autorreferencia en tus intenciones, cuando no hay Ser para medir las cosas a favor o en contra, entonces no hay nada que proteger ni nada que sufrir. Al liberarnos del Yo, nos liberamos completamente en la Conciencia Pura.

Somos diferentes del resto del universo porque sabemos que existimos. Esta certeza de existir es la manifestación de la Conciencia. Esta certeza de existir, este saber, no es una reacción química del cerebro ni una ilusión. Es lo que da a todo lo demás en el mundo su certeza de existencia. La conciencia pura es, por naturaleza, una felicidad pura. Tiene sentido en sí misma.

Se necesita práctica, perseverancia, valentía y fe para relajarse en simplemente Ser. Es como aprender a flotar en el océano: no haces, te dejas llevar, te relajas en él. Soltar el Ser es como dejar caer una pesada piedra que has estado cargando toda tu vida, pensando que era tu hijo.

Al principio, cuando dejas de retener los pensamientos, los recuerdos, el cuerpo y las emociones como tu Ser, sientes una inquietud creciente. Sientes una compulsión por hacer algo, que estás perdiendo el tiempo, desorientado, con una especie de vértigo existencial. Esto es la Nada. Si te quedas con ella, la mente se libera, deja de intentar ir a alguna parte. De repente experimentas una paz maravillosa: como si nunca más necesitaras nada.

Una vez que nos damos cuenta del sentido incondicionado de la Conciencia Pura, todo lo que existe para ti resplandece con ese mismo sentido. Todas tus actividades adquieren un valor superior porque están inspiradas por la auténtica creatividad. Estamos motivados para dar lo mejor de nosotros como padres, esposos, trabajadores, artistas, científicos, desde el simple sentido del Ser.

La felicidad de la Conciencia Pura es sutil. Cuando te liberas del Mundo, cuando te liberas del Ser, no hay fuegos artificiales, ni experiencias místicas, ni adquisición de poderes sobrenaturales. Sólo existe el centrado, la tranquilidad y el sentido. Si has estado demasiado apegado al mundo, o viviendo principalmente en tus pensamientos, o muy dependiente de los demás, entonces la repentina disolución del Ser puede ser profunda. La experiencia de libertad total, la apertura, la liberación de la mente, puede parecer mística, una alegría consumidora. Pero esta alegría no es el hogar y no durará. Es el comienzo del camino hacia la felicidad, la ecuanimidad y la paz.

La Auténtica Felicidad es la paz mental que proviene de la realización de la Conciencia Pura. Entonces la vida se vuelve sencilla. Ya no estás corriendo de un lado a otro, entregándote a la emoción y la aventura, y luego sufriendo los retiros. En lugar de eso, descubres que no hace falta mucho para ser feliz. Una simple comida casera, dar un paseo, incluso fregar los platos, adquieren un nuevo significado. Comprendes y aprecias la riqueza material, el entretenimiento o el sexo por lo que realmente pueden aportar: placeres temporales por los que no merece la pena estresarse ni basar la vida en ellos. Adquiere una actitud directa y sin prejuicios hacia las personas. Disfrutas de una conversación genuina, en lugar de intentar persuadir, entretener o impresionar a los demás. La vida se vuelve sencilla, centrada y equilibrada. Es la felicidad de simplemente Ser.

Cada gota de agua y cada grano de

Meditación

La meditación es atención plena. Utilizamos nuestra capacidad de centrar la atención en la observación de los objetos de la mente. Sin embargo, mientras que otras formas de meditación utilizan esta consciencia para promover la relajación o cambiar hábitos mentales, nuestro destino será la liberación de la Consciencia. Nuestro objetivo es liberar el Mundo (el mundo físico, la percepción sensorial, las emociones, los pensamientos y los recuerdos) como No-Yo. Cuando esto ocurre, entonces la Conciencia Pura emerge naturalmente.

Utilizaremos el método de meditación en la respiración, descrito por Buda en el "Sutta Anapanasati", para destilar la Conciencia.

Aunque no es importante cómo te sientes para meditar, no conviene que estés ni demasiado cómodo ni demasiado incómodo. Para ello, basta con sentarse cómodamente erguido en una silla, sin reclinarse, con los pies apoyados en el suelo y las manos sobre el regazo. Si es posible, ayuda a estar alerta sentarse en la posición de yoga de medio loto (sentado sobre un cojín de 10 pulgadas de grosor, con la parte inferior de las piernas dobladas una sobre otra en el suelo y las manos apoyadas una sobre otra en el centro). La espalda debe estar cómodamente recta, pero sin tensión. La posición de medio loto es el equilibrio justo entre comodidad e incomodidad y proporciona una especie de estado de ánimo para lo que va a ocurrir, como cuando te pones en la posición preparada para correr una carrera o para golpear una pelota de tenis. Debes experimentar hasta que encuentres tu posición moderadamente cómoda.

Una vez lograda una posición sentada semi-cómoda, entonces te centras en la conciencia general de la respiración. El mejor objeto para calmar y centrar la mente es la respiración, no la respiración. Siguiendo la respiración, sabes cuándo inspiras y cuándo espiras. No es necesario controlar la respiración ni darle demasiada importancia, sino simplemente ser consciente de ella. Es sencillo saber que estás inspirando y espirando.

Si intentas centrar la respiración en la nariz, el abdomen o el diafragma, entonces se convierte en mindfulness de la nariz, el abdomen o el diafragma, en lugar de la respiración. Queremos centrarnos sólo en la experiencia de la respiración, en su realidad inmediata, con el objetivo de calmar los pensamientos y las emociones para poder aprehenderlos como No-yo.

Aunque tradicionalmente se denomina meditación de concentración, con la meditación en la respiración reforzamos tanto nuestra capacidad de concentración como nuestra atención plena.

Conocer la respiración debe ser fácil y relajante. Aquí no hay nada más que hacer con tu conciencia que conocer la respiración. Todo lo demás que aparece a la mente es un objeto que estás como mirando desde lejos. Si aparece un pensamiento (por ejemplo, una canción, una conversación o escenas de una película) simplemente sabrás que ha surgido un pensamiento y reconocerás su objetualizad. Se desvanecerá cuando la atención vuelva a centrarse en la respiración. Algunas personas pueden experimentar nubes de colores, o una luz blanca, u otros objetos mentales oscuros. No son presagios ni señales de nada. Son manifestaciones de una concentración más profunda, y sólo más objetos que no son el yo.

Cualquier cosa que puedas observar, que puedas conocer, no eres tú; cualquier cosa en la que puedas pensar no eres tú. Tú eres el que mira las cosas y piensa los pensamientos.

El propósito de la meditación mindfulness sobre el cuerpo es conocer el cuerpo como No-yo. Esto es darse cuenta plenamente de que el cuerpo es un objeto, distinto desde tu punto de vista, que no es tu verdadera esencia. Basta con experimentar el cuerpo simplemente como es. Soportar cierta incomodidad como prueba de tu resistencia es un apego a las ideas. Gautama el Buda descubrió dolorosamente que no hay ningún propósito ni beneficio en torturar el cuerpo.

Entendiendo lo mismo, no necesitamos preocuparnos demasiado por el entorno que nos rodea si es moderadamente cómodo y no nos distrae demasiado. Si intentas encontrar un lugar perfectamente silencioso para meditar, te frustrarás en tu esfuerzo y, si lo encuentras, puede que te quedes dormido. Si oyes ruidos de construcción, un perro ladrando o un portazo, entonces son sólo más objetos para que la mente los observe (un sonido) como objetos. Además, cualquier reacción emocional a las distracciones sólo serían más objetos para identificar como No-yo. Cualquier cosa que aparezca como el mundo, la aceptamos clara y conscientemente como No-yo, como no nuestro verdadero yo.

Cuanto más practiques ver todo como No-yo, más obvio será que el Mundo es otro que tu consciencia. La distancia entre la Conciencia Pura y los objetos de la conciencia se hace mayor.

Algunos maestros hacen hincapié en el Jhana, o absorción, como objetivo principal de la meditación en la respiración, o incluso como requisito para la Iluminación. La absorción se produce cuando la mente se concentra tan profundamente que todas las demás percepciones desaparecen, incluso la respiración, quedando finalmente sólo la conciencia de la conciencia.

Algunos entusiastas del Jhana afirman permanecer en este estado durante horas, sin apenas respirar y con un pulso mínimo. Al salir de Jhana, los practicantes suelen sentir una serena alegría y un desapego del mundo que puede durar días.

La única complicación de esta experiencia es que, por maravillosa que sea, no durará para siempre. Pronto volverá el mundo con sus problemas y exigencias para oscurecer la iluminación, dejando al practicante anhelando otro gran viaje. Aunque la experiencia de Jhana, en dosis limitadas, es inestimable para identificar la Conciencia Pura, si se insiste en ella, conducirá al apego y al desencanto. De modo que, si nunca has alcanzado Jhana, entonces sentirás que no progresas y te desanimarás. Si has tenido una experiencia dichosa, te sentirás decepcionado si no se repite o anhelarás más cuando salgas de ella. Además, algunos practicantes confunden el Jhana con la iluminación, lo que provoca confusión y decepción.

El propósito de la atención plena a la respiración, o meditación de concentración, es proporcionar un objeto estable y sin interés para que la mente se centre en él y no se pierda convirtiéndose en los objetos que llegan a la conciencia. Es un timón para estabilizar la mente, para que tu consciencia no se deje mover por los pensamientos. No es un garrote para abatir tus pensamientos, ya que la supresión de los pensamientos te llevará al estrés y a la ansiedad. Cuando empiezas a practicar, tu mente puede aburrirse o habituarse rápidamente a la monotonía de la respiración y querer aferrarse a cualquier pensamiento, recuerdo o emoción. Sin embargo, con paciencia, práctica y motivación, empezarás a reconocer que tu conciencia no cambia con los pensamientos cambiantes. Empiezas a identificar tu punto de vista como un centro y todo lo demás de lo que eres consciente como lo que cambia a tu alrededor. Como resultado, tu poder de concentración mejorará y tu mente se volverá cada vez más pacífica y gratificante.

No obstante, al principio la respiración puede resultar pesada y forzada, y es posible que experimentes picores, molestias en la garganta u otras sensaciones corporales incómodas. Una vez que tu atención sea inquebrantable, la respiración se ralentizará, volviéndose relajada y agradable, y las molestias corporales cesarán. A medida que aprendes a identificar los pensamientos como objetos y a no involucrarte con ellos, tu conciencia se vuelve experta en permanecer con la respiración. Los pensamientos y otros objetos mentales se vuelven entonces menos tentadores y frecuentes. Con el tiempo, cuando los pensamientos dejen de aparecer, la mente fluirá con agradable serenidad. Esta serenidad natural se convierte entonces en el nuevo foco de atención.

El desinterés por los objetos mentales proviene de la sabiduría: comprender la naturaleza de la consciencia, la irrealidad del Ser y la naturaleza impermanente e insatisfactoria del Mundo. El desinterés no proviene del rechazo o la supresión. Como no querer tener algo sigue siendo un deseo.

Cuando todos mis pensamientos se detienen, sólo soy consciente de mi respiración, pero se siente como incorpórea, como si hubiera perdido el contacto con todos los demás sentidos. Se siente como si fuera la mente la que ahora apenas respira. Estoy relajado y contento presenciando la tranquilidad de la Conciencia. Aquí, puedo decidir soltar completamente la respiración y sumergirme en la experiencia de la conciencia pura, o Jhana. O puedo permanecer en la perspectiva del No-Yo. En la primera, no hay perspectiva de nada, y estoy totalmente absorto en el puro existir; mi conciencia es pura subjetividad. En la segunda, soy consciente de ser una conciencia que existe separada de la conciencia del Mundo. Aunque ambas experiencias son útiles, es la experiencia del No-Yo la que puedo traer de vuelta al mundo mundano. Esta experiencia no es ni sutil ni oscura, sino una poderosa conciencia de la grandeza de existir.

Una vez que te hayas vuelto experto en calmar la mente y no aferrarte a tus pensamientos durante la meditación, entonces te recomiendo practicar la Meditación de la Nada.

La Meditación de la Nada implica no hacer nada. Consiste en sentarte en cualquier lugar durante el tiempo que tengas disponible y no prestar atención a nada más que a tu existencia, a tu ser-ahí. Para alimentar este discernimiento, puedes empezar preguntándote "¿cómo sé que existo?" hasta que llegues a la experiencia esencial de existir.

Esta práctica es ventajosa para evitar asir la meditación y la práctica de la atención plena como una identidad, como un ritual, como algo especial que haces. Es como la meditación Zen, pero como no se necesita vestuario ni sala de prácticas, no impresiona como algo especial.

Con la Meditación de la Nada, no sigues tu respiración ni haces nada, simplemente ignoras cualquier cosa que te venga a la mente. Todo se ve como No-yo y se deja pasar. Esto ayuda a reconocer ese impulso de la mente de hacer algo. Es como unas minivacaciones mentales de tus pensamientos.

Mantengo los ojos abiertos, observando suavemente lo que está presente, pero sin elaborar ningún pensamiento sobre lo que veo. No reprimo mis pensamientos ni me concentro en mi respiración intencionadamente. Cualquier pensamiento que me viene a la mente lo conozco como una invención, una cosa impermanente. Sólo soy consciente de existir, de estar ahí.

Después de un tiempo, desarrollas una apreciación y sensibilidad por la ligereza y claridad de la Conciencia pura. Esto contrasta con la pesadez de los pensamientos, la irritación de las emociones y el agotamiento de aferrarse a las cosas.

La meditación de concentración no debe practicarse mientras se hace algo que requiera estar alerta a una situación, como conducir, trabajar o cuidar de los niños. Si estás conduciendo, entonces deberías practicar la atención plena a la conducción: estar muy atento a la conducción.

El resultado de la meditación de concentración es una limpieza de la mente; se purga del Mundo durante un tiempo. Durante la meditación, la mente está en paz y contenta, llena de sí misma, descansando en el ser.

Una vez que el Mundo regresa, todo sigue igual excepto por un cambio en tu perspectiva. Ahora eres consciente del Mundo desde fuera, desde el punto de vista de la Nada, mirando a un Mundo que no es el Ser. Esta comprensión del Ser como una distancia del Mundo es la Iluminación. La Iluminación es el comienzo del proceso de curación.

Aunque alcanzarás una salud mental significativa y una gran paz mental respetando la Regla Roja y siendo consciente, seguirá habiendo estrés, confusión y sufrimiento si te identificas con el Ser. Hay una realidad mayor, una paz y una plenitud mayores, que se realizan con la liberación permanente del Ser. Esto es el cese de toda mala voluntad, de toda ignorancia y de todo sufrimiento: esto es el Desenlace.

Iluminación y liberación

La Iluminación resulta de no ser el Mundo, de ser la Nada. En consecuencia, es más fácil hablar de lo que no es la Iluminación.

Para muchas tradiciones, la Iluminación es la culminación de un proceso de transformación. Se describe como un despertar. En este sentido, significa salir de la oscuridad, como abrir los ojos a un nuevo día, una visión clara. Y en este sentido, es engañoso.

No hay nada espectacular que suceda con la Iluminación, todo será igual, sólo cambia el punto de vista, del Yo al No-Yo. Al llamar Iluminación o Despertar a esta trascendencia del Ser, algo que no es tan difícil de lograr aparece como abstruso, místico y esotérico.

La experiencia de la Iluminación tiene más que ver con la mentalidad que con cualquier otra cosa. Si tienes el hábito de pensar demasiado, de preocuparte y de aferrarte fuertemente al Mundo para sentirte seguro, entonces soltarlo te hará sentir como si volvieras a nacer. Si con frecuencia estás deprimido, enfadado o demasiado sentimental, y vives con fuertes apegos emocionales, soltarte de ellos te hará sentir ligero y en paz, como si te acercaras al cielo. Si eres una persona despreocupada y relajada, en la que nada te agita realmente, soltar el Mundo te hará sentir como una profunda paz, pero sin campanas ni silbatos.

La iluminación no es la conclusión del esfuerzo por liberar la mente. No es la última frontera. Comprender esto es fundamental porque muchos practicantes experimentan una profunda claridad mental y tranquilidad después de liberar el Mundo y creen que esta iluminación es la Liberación (o Nirvana). Luego se sienten frustrados, deprimidos y desencantados, cuando los problemas y el estrés del mundo, como nubes oscuras, vuelven a colarse en la mente.

La iluminación puede entenderse mejor como la súbita comprensión de un punto de vista fuera del Mundo. En el budismo se explica como la liberación de todos los apegos al Mundo (forma, sentimiento, percepciones, ideas y la idea de autoconciencia):

cuando un noble seguidor que ha oído (la verdad) ve así, encuentra el extrañamiento en la forma, encuentra el extrañamiento en el sentimiento, encuentra el extrañamiento en la percepción, encuentra el extrañamiento en las determina-

ciones, *encuentra el extrañamiento en la nidad consciente. Cuando encuentra el distanciamiento, la pasión se desvanece. Con el desvanecimiento de la pasión, se libera. Cuando se libera, hay conocimiento de que está liberado. (SN 22.59)*
De repente aprehendo que todo lo que veo, todo lo que sé, no es lo que yo soy, sino que son todos objetos de mi conciencia, y yo soy el vacío de todo.

Podemos llamar a esto una Iluminación al señalar esta visión profunda, de una sola vez, de la naturaleza de la existencia humana. También se llama mente Original porque es la naturaleza de la conciencia. Es un Vacío porque la conciencia no es nada, y puesto que el Mundo está hecho de conciencia, es también un vacío: todo es vacío.

En un famoso Sutta, Buda señala directamente a la Nada de la conciencia humana, como aquello que está más allá del Mundo de las cosas condicionadas:

Hay, monjes, un no nacido - no hecho - no fabricado. Si no existiera ese no-nacido - no-comprometido - no-hecho - no-fabricado, no se daría el caso de que se discerniera la emancipación de lo nacido - hecho - fabricado. Pero precisamente porque hay un no nacido - no hecho - no fabricado, se discierne la emancipación de lo nacido - hecho - fabricado. (UD 8.3)

En otras palabras, la conciencia humana debe originarse fuera del mundo de las cosas condicionadas, o debe ser incondicionada, para que tenga conciencia de las cosas condicionadas y, por tanto, sea capaz de procurarse la emancipación.

vez realizada la Conciencia Pura (Iluminación), entonces podemos limpiar metódicamente la mente de todos los hábitos insanos que hemos acumulado en nuestra vida como Ser. Ideas, creencias, emociones, percepciones, y todo lo que he creado en mi interacción con el mundo, todo lo que puedo apreciar como objetos que van y vienen. Cuanto más hago esto, más me centro en la Conciencia, y más se purifica la mente.

Lo que el Buda llamó el Desenlazamiento (Nibbana, en lengua pali, o Nirvana en sánscrito), es aquella conciencia que ha logrado una completa liberación del Mundo como Ser. Es una Conciencia totalmente en paz e inmóvil desde su centro de ser. Aquí, hay una liberación completa de la identificación con un Yo. Hay total Libertad mental y Auténtica Felicidad. Aquí no hay bien ni mal. Aquí se vacía el vaso de agua salada.

La conciencia humana es una nihilación* del Mundo, lo que significa que es inherentemente No-yo. Algunas escuelas budistas se refieren a esto como Mente Original. Es con este entendimiento que los budistas Mahayana insisten en que todo el mundo es ya un

Iluminación y liberación

Buda. De hecho, llegamos a la autoconciencia a través de la nihilización del Mundo. Esta nihilación nos permite determinar la existencia del mundo, y el mundo nos permite discernir nuestra propia existencia. Sin el mundo, como dice Sartre, existiríamos todos a la vez. Como un reflector apuntando a un cielo oscuro, la luz pasaría desapercibida. Nos convertimos en individuos al estar en el tiempo y existir como un Ser.

Sufrimos porque ignoramos la verdadera naturaleza de nuestra existencia física, ignoramos la naturaleza del sufrimiento e ignoramos cómo nos hacemos daño a nosotros mismos cuando pretendemos hacer daño a los demás.

Nuestra Nada atormentará constantemente nuestra existencia en el mundo. Estamos condenados a una vida de carencias y exigencias, como Sísifo siempre rodando la roca colina arriba, sin encontrar nunca descanso. Sin embargo, es la Nada, el vacío y el sufrimiento lo que también motiva nuestra búsqueda de la verdadera felicidad y trascendencia.

Nihilation es un término acuñado por Sartre para describir la separación de la conciencia del universo físico, dejando la conciencia como una Nada del en-sí.

La iluminación es el comienzo de nuestro viaje hacia la verdadera libertad y felicidad. Una vez que tengas esa visión fundamental de la naturaleza de tu conciencia, el resto del viaje será claro e innegable.

La Conciencia Pura también ha sido llamada la Mente Ordinaria, pero no hay nada ordinario en ella. Nuestra conciencia de la existencia sólo parece ordinaria porque es lo cotidiano. Una vez que te des cuenta de la verdadera naturaleza del Mundo como No-Yo, entonces la naturaleza extraordinaria de tu Conciencia será evidente.

Lo que aprehendo en mis meditaciones, cuando desaparecen todos los pensamientos y todas las percepciones, es que soy yo quien da a todo lo que hay en el mundo su sentido de realidad, su estar ahí. La conciencia no es receptiva del Mundo; ¡es creadora! Una rosa, por ejemplo, no es nada en sí misma. Soy yo quien revela sus pétalos rojos, sus hojas verdes y sus espinas. Soy yo quien la hace bella, poética y símbolo de amor. En este sentido, la Conciencia es lo más evidente, lo más misterioso y lo más profundo.

Pensar, leer, recordar, observar, mover el cuerpo, todo requiere atención y esfuerzo mental, pero la Consciencia es espontánea, no requiere esfuerzo por nuestra parte. Cuando el cuerpo y la mente están agotados por una actividad intensa, tu consciencia no disminuye. Sólo eres consciente de estar agotado. Existir, ser, no requiere esfuerzo. Cuando estás libre del Mundo, nada más es necesario. No hay nada que lograr, nada que llegar a ser. Ser es simplemente ser.

Ser Conciencia Pura no es nada y lo es todo. Es un vacío y una plenitud.

Una tarde observaba a unos niños jugando al sol. Algunos se perseguían riendo, otros discutían y se empujaban, otros jugaban pacíficamente. Todos ajenos a las preocupaciones de la vida cotidiana, al absurdo de la muerte y a las insondables complejidades que sostienen cada momento, para ellos jugar al sol.

La mayoría de nosotros envejecemos como niños: luchando, amando, bailando, llorando y muriendo, con poca conciencia del profundo misterio que es nuestra existencia. No somos conscientes de lo maravillosa que puede ser la vida sin preocupaciones, en la paz y la felicidad de simplemente estar con los demás.

www.ingramcontent.com/pod-product-compliance
Lightning Source LLC
Chambersburg PA
CBHW022358040426
42450CB00005B/237